# 特殊兒童全方位手冊
## 初步鑑定、療育、融合

## Children with Special Needs in Early Childhood Settings:
### Identification · Intervention · Inclusion

Carol L. Paasche · Lola Gorrill · Bev Strom　著

王欣宜 · 吳杜龍　總校閱

高宜芝 · 邵宗佩　譯

## ☼ CENGAGE

Australia • Brazil • Mexico • Singapore • United Kingdom • United States

特殊兒童全方位手冊 ： 初步鑑定、療育、融合 /
Carol L. Paasche, Lola Gorrill, Bev Strom 著 ； 高宜芝，
邵宗佩譯． 一初版． 一臺北市 ： 新加坡商聖智學習，
2008.05
　　面 ； 　公分
　譯自 ： Children with Special Needs in Early Childhood
Settings
　ISBN 978-986-6637-06-3 ( 平裝 )

　1. 特殊兒童教育　2. 小兒科　3. 早期療育　4. 手冊

529.6026　　　　　　　　　　　　　97006591

# 特殊兒童全方位手冊：初步鑑定、療育、融合

**© 2008 Cengage Learning Asia Pte Ltd.**

Original: Children with Special Needs in Early Childhood Settings, 1st edition
　　By Carol L. Paasche・Lola Gorrill・Bev Strom
　　ISBN: 9781401835705
　　©2004 by Delmar, Cengage Learning
　　All rights reserved.

　　3　4　5　6　7　8　9　2　0　1　8

出 版 商　新加坡商聖智學習亞洲私人有限公司台灣分公司
　　　　　10448 臺北市中山區中山北路二段 129 號 3 樓之 1
　　　　　http://cengageasia.com
　　　　　電話：(02) 2581-6588　　傳真：(02) 2581-9118
原　　著　Carol L. Paasche・Lola Gorrill・Bev Strom
總 校 閱　王欣宜・吳柱龍
譯　　者　高宜芝・邵宗佩
執行編輯　吳曉芳
總 經 銷　心理出版社股份有限公司
　　　　　新北市新店區光明街 288 號 7 樓
　　　　　電話：(02) 2915-0566　　傳真：(02) 2915-2928
　　　　　郵撥：19293172 心理出版社股份有限公司
　　　　　http://www.psy.com.tw
　　　　　E-mail: psychoco@ms15.hinet.net
　　　　　駐美代表：Lisa Wu ( lisawu99@optonline.net )
編　　號　61022
定　　價　新臺幣 350 元
出版日期　西元 2018 年 6 月　初版三刷

ISBN　978-986-6637-06-3

(18SMS0)

序

　　對特殊兒童的關注是特殊教育中很重要的一環，本書的原作者以實用的觀點，結合了教育與醫學領域，為第一線的教師們簡介在教育場域中由出生到八歲的特殊兒童種類與特徵，並從教育的觀點提出可以協助特殊兒童的實務作法，是一本兼具學術與實用的全方位手冊。

　　兩位譯者高宜芝與邵宗佩老師，分別為台中教育大學早期療育研究所碩士與台灣師範大學特殊教育碩士，除具有學術涵養外，更因長期在國小特教班服務，擁有豐富的教學經驗，以致能將本書的精神作極佳的詮釋。本書總校閱學者之一吳桂龍教授，目前服務於台中教育大學特殊教育學系，吳教授為成功大學醫學工程博士，對於結合特殊教育與醫學領域有相當之研究，在本書翻譯過程中給予翻譯團隊許多醫學知識與名詞方面的校訂與指導，使本書更能完整的傳遞原著的意義及內涵。本書在翻譯的過程中，歷經數次討論，以求儘量減低文化與國情差異所造成的影響及統一譯者之間的文筆，但因時間有限，不足或疏漏之處難免，尚祈諸位先進不吝賜教為幸。

國立台中教育大學特殊教育學系

王欣宜　謹誌

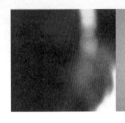

# 前言

## • 本書適用對象

本書是為了兒童教育工作者及教師所撰寫，教育場域包括：小學、學前機構、啟蒙和早期啟蒙方案（美國的學習方案）、兒童照護中心、親職團體等。本書內容特別針對從出生到八歲的兒童來探討。

我們不是為特定的問題來做診斷，而是要幫助老師們，在兒童尚未接受正式的評估和診斷之前，找到有用的資訊以及構思可行的計畫，且能有效地協助兒童適應學習。

## • 本書的目的

本書的主要目的分成四部分。

1. 幫助教師和兒童照顧人員察覺出兒童在以下幾方面是否和同齡兒童有差異，包括：生理、情緒、社會、說話和語言能力、整體溝通技巧，以及認知發展方面。

2. 當與兒童有關的人員，懷疑兒童的發展型態與一般兒童有異，且在兒童尚未接受任何正式診斷之前，協助這些人員了解到「有什麼問題一定要問」以及「有什麼症狀一定要注意」。

3. 讓教師與教保人員知道該採取哪些步驟來面對兒童在成長上所出現的問題。

4. 對於疑似生理、社會、情緒、行為、說話和語言或智能上出現問題的兒童，在他們接受學校之外的專業人員提供個別化支持與協助之前，本書的內容能提供教師們實用的資訊，以期在這個過渡階段，能與兒童有適切的互動方式以及合宜的課程規劃。

**本書只是一本參考指南，而不是一本醫療手冊。如果您所接觸的兒童疑似有醫療方面的問題，請把您的觀察紀錄與家長討論，並建議尋求醫療檢查。**任何由醫師所開的處方或相關建議，校方或園所請務必配合遵循。

　　我們並不是在主張教師們都成為診斷專家或是專業治療師，但是務必要明瞭：教育人員通常是第一位察覺到兒童可能存在的問題，因此，向兒童的父母及醫師提出詳細的觀察紀錄，在兒童的發展中是極重要的。

## • 本書的重點

　　本書運用以下的方式來介紹及說明有特殊需求的兒童：

- 是以精簡、易讀的分欄形式來呈現資訊。
- 本書是一本實作手冊，提供第一線人員在工作中實際協助兒童之用。
- 清楚的說明、實例，以及使用最新的慣用術語。
- 在本書大部分的列表中，中間的欄位是用來提醒教育人員，其他的障礙或症狀亦可能會出現相似的症狀／行為，其中以加粗體標示的部分，可以在本書其他單元中獲取更多更完整的資訊。（備註：請查閱本書目錄。）
- 列出適當的**基本資訊**和**必問的重要問題**。
- 第三欄位提供教育人員具體明確的**建議**，來協助兒童適應學習與提供家長相關的支持與建議。（備註：第一、二欄位的內容需相互對照，而第三欄位的內容，則是配合該單元所介紹的各種特殊需求，提供多面向的資訊。）
- 關於兒童的特殊需求，本書並未提供法律資訊或法律規範，因為相關的法律或規範會因為不同的國家、州、地方有所差異，也有許多條文上的細節需考慮。此外，有些特定的議題已有許多法律資訊可供參考，因此本書不列入法律的部分。

　　在本書的建議欄中所列舉的相關內容和參考提議，充分呼應及支持融合的理念。我們相信，兒童教育人員如果能藉由觀察、記錄和評估兒童在團體中的行為，並和兒童的父母及專科醫師有充分的溝通，就更能為兒童的成長盡一份心力。

　　兒童教育人員對於兒童鑑定過程的付出是很重要的。由於很多地區的教育與兒童照顧的預算有限，因此，如何更有技巧地協助兒童，以及更有效地運用工具來評估、計畫、教育有特殊需求的兒童，更顯得刻不容緩。此外，兒童教育專業人員知道如何尋求協助與支援的管道也格外重要，可以向以下管道尋求協助：

- 支援機構。
- 醫學專家。
- 政府相關補助。

- 特殊教育福利措施。
- 家長支持團體。

對於尚未確認而疑似有特殊需求兒童的父母而言，和他們首次的接觸需要謹慎小心處理，兒童教育人員務必了解，兒童的父母通常很難接受自己的孩子可能會有特殊需求。有鑑於此，身為兒童教育工作者，當您和疑似有特殊需求兒童的父母晤談時，給予他們心理的支持並保持同理心是非常重要的，當他們憂心兒童在發展上或行為上可能的問題時，也要適時表達由衷的關心。

通常，最好的方式是遵行以下的建議：

- 首先詢問兒童的父母，對於兒童的行為和／或相關的發展有哪些觀察內容和值得憂慮的地方。父母面對憂慮，經常不知道從何處尋求協助。有的父母則會對於兒童的問題有防禦心並且無法誠實去面對。
- 和父母再次確認目前所觀察到的問題，這些問題可能是暫時性的遲緩，或是可以藉由醫療來改善情況（特別是聽力、視力方面等等問題）。
- 可告知父母這類的話：「所有人員目前還不確定要用什麼方式更有效地符合您孩子的需求，但是我們會盡快地找到專業的協助和支援，同時盡快地規劃出最有效的方法來教育您的孩子。」
- 接著，教師應該要建議父母可由小兒科醫師為兒童做相關的檢查，並請父母填寫家長同意書，校方或園所人員才能和小兒科醫師接洽相關事宜，並讓家長獲取並分享醫師所診斷的報告內容。
- 校方或園所應請父母填寫家長同意書，以便於讓專業人員（物理治療師、心理治療師、早期療育工作者等）觀察兒童的狀況，並提供意見給教育人員或家長，以期增進和兒童的互動關係。

備註：無論是園所／學校／方案的教師，如果希望能諮詢小兒科醫師或機構以了解兒童的特定需求時，務必得到兒童父母的書面同意書再去做。

## • 其他的資源

不同的社區所能運用的資源各有不同，在大多數地區您可以找到政府單位的衛教人員／護士、小兒科醫師、大學附設醫療中心，以及相關的機構，這些單位都能提供特殊需求服務方面的參考資訊。另外，也應該學習如何從網路上獲取並篩選有用的資訊。

## • 關於作者的信念

對於兒童的評估與方案進行是一種持續進行的過程，特殊兒童專業人員越早參與評量的過程，他們所設計的方案越能符合兒童的個別需求。

請您記得每個兒童都只是一個孩子。我們要確認他們特殊需求，但也要試著感受與覺察兒童個人的獨特性，並且以關心與尊重的態度對待他們。不要忘記老師與兒童在溝通中扮演著示範的角色，其他的兒童會觀察與學習老師與特殊兒童互動的模式。

本書最主要的目的是要幫助為孩子提供專業服務的第一線老師們，能積極與廣泛參與所有特殊需求孩子的鑑定、療育與融合的過程。

本書根據 Addison Wesleyn 於 1990 年所出版的原著加以更新、更合乎時代潮流內容來呈獻給讀者。所有的內容經過修訂與更新，並加入了一些新的討論主題。對於原版內容熟悉的讀者，以下是本書新加入的主題：

• 過敏症。
• 胎兒酒精症候群／胎兒酒精效應／母體物質濫用。
• 創傷後壓力疾患。
• 鎌狀細胞性貧血／疾病。
• 妥瑞氏症與行為抽搐症。
• 頭部外傷。

以下列出經過修訂與內容擴充的章節：
• 後天免疫不全症候群（人類免疫缺陷病毒──愛滋病）。
• 過敏症──增加過敏性反應。
• 關節炎──增加阿司匹靈反應。
• 自閉症候群──增加亞斯伯格症、雷氏症、兒童早期崩解症、其他未被註明之廣泛性發展障礙類型。
• 行為／社會／情緒問題──增加對立性反抗疾患與選擇性緘默症。
• 腦性麻痺──完全修訂擴大性溝通系統內容
• 智能障礙──增加唐氏症新的資訊、X 染色體脆弱症、普拉德─威利症候群、貓鳴症候群。
• 學習障礙──增加與擴充感覺統合失調內容。

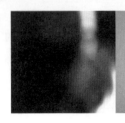

# 如何使用本書

1. 本書在目錄中以中英文對照方式呈現,並以英文字母順序列出了包含兒童可能發生所有的情況與特殊的需求。

2. 我們建議讀者要考慮書中所列相關類似生理／行為特徵是否同時出現,並了解某一個特徵可能出現在不同類別的特殊兒童身上,並且了解沒有任何單一個案會包含所有的特徵與行為。

3. 當您在查詢某一特定的類別時,第一欄(最左邊的部分)列出了生理、行為、社會／情緒所有相關的特徵,讓您可以查出符合兒童特定的情況。

4. 第二欄(中間的部分),大部分是列出該症狀在其他情形下可能的因素,這些被列出的情況可能和第一欄所列特殊行為的／生理的／社會的／情緒的特徵有相類似之處,因此我們試著在第二欄中讓讀者了解某一種特徵可能是由不同原因所造成的。

5. 在第二欄中**粗字體**用來表示目錄中可查到此症狀,並在該症狀章節中可查到詳細的資料。第二欄中也包含了該特徵一些重要的資訊和老師必須向家長詢問的問題。會考慮這些問題是考量到孩子在進入園所之前,大都是還未經過鑑定的。(備註:為了版面空間考量,您必須向家長詢問的問題有時會出現在第一欄。)

6. 在第三欄(最右邊的部分),作者提供了建議——活動設計、特別的技巧、支持特殊兒童需求的策略;若在園所沒有特定專業人員可以提供符合孩子特殊需求的服務之前,書中提供的策略和活動老師是可以試試看的。在您為特殊兒童設定學習目標後,我們希望所提供的策略能協助孩子達成目標。

7. 第三欄的資料並沒有和第一欄與第二欄的描述特別對應,第三欄資料是和第一欄與第二欄所有描述情況都有相關。

第三欄中所提供特殊的策略能幫助特殊兒童在融合的情境中能和他所處生態環境中的同儕互動。我們必須尋求一些孩子有興趣的活動，並且協助所有的孩子在這個團體中能持續成長，並同時幫助有特殊需求的孩子。

8. 在本書中，「老師」、「工作人員」、「孩子照顧者」等人稱是可以互換的。

9. **請記得作者並不是要老師成為診斷者。本書不是醫學手冊，而是您身邊可以隨時參考的指南。**

10. 我們鼓勵老師如果觀察到兒童有不尋常的行為時，應採取步驟以獲得協助。為了達到這樣的目的，老師必須：

   • 首先，和家長聯絡並討論他們所關心的事項，了解家長的經驗，並鼓勵家長詢求專業人員的診斷。
   • 獲得父母書面同意書以便為孩子尋求特殊服務，並且與孩子有接觸的專業人員溝通。（備註：在美國與加拿大地區獲得家長同意是必要的。）
   • 建立家長與園所之間的溝通管道。

作者希望透過團隊的合作——家庭、學校、兒童照護中心，以及健康中心提供者——共同討論目標與運用策略，以期能成功地幫助兒童發揮最大的潛能。

## • 關於作者

### Carol L. Paasche

擔任加拿大安大略省多倫多 Seneca 大學教授與兒童早期中心協調者有三十年之久。她在 Harvard 大學獲得教育諮商碩士，並在 Michigan 大學獲得特殊兒童需求博士學位。她有初等教育、兒童早期教育與諮商專業認證，並且在紐約、俄亥俄州、密西根州從事兒童方案的工作，也在多倫多地區建立超過三十多種部分時間制的融合教育預備啓蒙方案。她授課的範圍包含兒童發展、特殊兒童、觀察評估、課程設計、家庭生態學與人際間的溝通。在安置領域的協調者角色中，她參觀了多倫多市附近上百個學前教育中心、兒童照護中心與幼稚園。

Paasche 女士是《特殊兒童早期融合方案》（*Inclustion in Early Childhood Programs: Children with Exceptionalitiec*）（Thomson/Nelson, 2002）一書的作者之一。目前她擔任多家特殊兒童早期中心的諮詢者，具有豐富的家長與兒童諮詢實務經驗。

### Lola Gorrill

她是 Adventure 地區兒童與家庭心理健康中心教育服務的主要領導者。她主要的職責包含評估、方案計畫與評估特殊兒童。她也與老師／治療師與家長討論每一位兒童的個別化教育計畫。她擁有 New York 大學心理學士；初等、中等與中級教師資格；同時也有初等教育（學齡前至三年級）與特殊教育專業人員資格。在成爲特殊教育專業人員之前，她在初等教育階段任教了十年。

Gorrill 女士是跨專業團隊成員之一，包含老師、兒童照顧中心工作人員、說話和語言病理人員、心理學家，以及社工人員一同合作負責特殊兒童評估與方案設計。她也和老師／治療師與家長討論兒童個別化教育計畫。

她是加拿大安大略省自閉協會發起人之一，並且是一位自閉症成人的母親。

### Bev Strom

獲得 Seneca 大學兒童早期教育學位。她在學前教育中心提供諮商服務，協助老師爲行爲與發展有問題的兒童設計方案。

她部分的工作也包含提供正在接受治療的兒童個別化方案計畫，同時也整合醫療單位工作人員建議，以適用於學前教育方案。

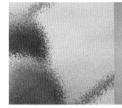

# 目錄

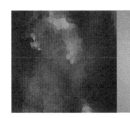

# 虐待／受忽視（受虐兒／受忽視兒）
## ABUSE/NEGLECT（Child Abuse/Neglect）

**受虐兒**是指在身體上、情緒上，甚至性方面受到虐待，他們的存在是受到忽視的。這些兒童可能遭受到生理上的傷害、性侵害，或是情緒上不合理的對待等等。

**受忽視兒**是因父母或主要照顧者未負起養育的責任，因此，這類兒童在生理上、情緒上、社會適應上得不到合宜的照顧，導致他們的營養、健康狀況、教育、穿著、庇護上嚴重不足。

## 生理和情緒上的虐待或受忽視

| 行為特徵 | 其他可能因素 | 建議 |
|---|---|---|
| 這類兒童可能會：<br>1. 對同儕或是自己有異常的攻擊性或破壞性。<br>2. 異常的恐懼或畏縮。<br>3. 表現消極和（或）過度順服。<br>4. 易受刺激而發怒和（或）表現焦慮。<br>5. 精神散漫、做事提不起勁。<br>6. 自尊心低落。<br>7. 需要別人給予更多身體上的接觸和（或）注意。<br>8. 表現冷漠，與人沒有情緒的交流。<br>9. 沒有分離焦慮感。 | **行為／社會／情緒問題**<br><br><br><br><br><br><br><br><br><br><br>**自閉症候群** | • 觀察和記錄有關的行為或生理上的問題。<br>• 觀察兒童和父母互動的情形。<br>• 多鼓勵他和同儕一起玩，例如：進行分組遊戲。<br>• 在各方面多讚美、多鼓勵兒童的表現，必要時可提供額外的協助。<br>• 教導兒童他人碰觸自己身體的界線為何，以及如何保護自己。<br>• 鼓勵參與可以盡情揮灑的活動，像是手指畫、玩水、玩沙等。<br>• 將定期健康檢查納入執行的方案中。 |

A

| 行為特徵 | 其他可能因素 | 建議 |
|---|---|---|
| 10. 缺乏安全感。 | 智能障礙 | • 如果有任何身體上的傷害或是偏差行為，要明確翔實地記錄發生的地點、觀察的日期和時間，並在紀錄上簽名。與執行方案的督導聯繫，若兒童有被虐待的可能，通報政府兒童保護機構來處理。 |
| 11. 對於分辨虛幻與真實有困難。 | | |
| 12. 具有強迫性潔癖。 | | |
| 13. 會強迫自己有好表現，例如總會樂於助人，或是過度的遵守規範。 | | |
| 14. 承認自己受到處罰，但不希望園所和可能的施暴者聯絡。 | | • 鼓勵兒童參與戲劇的表演──二至三位孩子加上一位老師──藉此培養兒童的社會互動和情緒表達的能力。 |
| 15. 對於需要脫去衣服的情境感到擔憂，如：體育活動，看病或身體檢查等。 | 文化差異對行為之影響（英語為第二外國語／英語為同源語） | |
| 16. 會對同儕或自己口出惡言，如：「我真笨！」、「你真醜陋！」等負面言語。 | | *切記：施暴（虐）者可能是手足、親戚、保母、鄰居、父母。有時父母可能還不知道自己的孩子出了問題。* |
| 17. 反覆出現相同的行為，如：搖晃身體、扭轉頭髮等。 | 自閉症候群<br>文化差異對行為之影響（英語為第二外國語／英語為同源語） | |
| 18. 逃避與他人有眼神接觸。 | | |
| 19. 會拿走同儕或是學校裡的物品，這種行為是自己無法控制的。 | | |
| 20. 從外表可以明顯反映出缺乏足夠的照顧（參考生理特徵）。 | | |
| 21. 有人靠近或碰觸時會立即退縮。 | 先前不愉快的經驗 | |

| 行為特徵 | 其他可能因素 | 建議 |
| --- | --- | --- |
| 22. 有注意力不集中的傾向。 | 智能障礙<br>注意力缺陷／過動症 | |
| 23. 與同儕的社會互動性不佳。 | | |
| 24. 上學會早到、遲到或是缺席。 | | |
| 25. 在學校的行為表現，和父母陳述家中的行為，兩者之間有所出入。 | | |
| 26. 在言語表達、認知發展、適應行為、精細及粗動作發展上，有發展遲緩或是突然退步的狀況。 | 說話和語言問題<br>視覺障礙<br>聽覺障礙<br>文化差異對行為之影響（英語為第二外國語／英語為同源語）<br>發展遲緩<br>行為／社會／情緒問題 | |
| 27. 會害怕或不願回家。 | | |

A

| 生理特徵 | 其他可能因素 | 建議 |
|---|---|---|
| 這類兒童可能會：<br>1. 有異常的或無法解釋清楚的燒燙傷、瘀傷；或是在臉上、背部、臀部、軀幹等部位有若干新舊傷痕。<br>2. 穿著不合時宜，或是在大熱天穿著長袖衣服來掩飾傷痕。<br>3. 有骨折的情形。<br>4. 常出現疲累或是打瞌睡的情形。<br>5. 表現出病奄奄的樣子。<br>6. 臉色蒼白。<br>7. 缺乏醫療照顧及牙齒保健。<br>8. 部分頭皮有光禿的情形。<br>9. 經常沒有梳洗。<br>10. 一直處於飢餓狀態，或是沒有胃口。<br>11. 常說自己腹痛或頭痛。<br>12. 體重過輕。 | 文化差異對行為之影響（英語為第二外國語／英語為同源語）<br><br><br>可能因寄生蟲、維他命缺乏、食物過敏，或是偏食所造成。<br><br>生長遲滯<br>營養不良 | • 不要單獨讓兒童站在其他兒童的面前。<br>• 盡可能暗地裡觀察兒童的生活作息。<br>• 盡可能提供兒童舒服且具支持性的環境。<br>• 若是兒童穿著不合時宜（太薄或太厚）務必準備備用衣物，以免兒童因為穿著不當而無法參與戶外的活動時間。 |

# 性虐待

| 行為特徵 | 其他可能因素 | 建議 |
|---|---|---|
| 這類兒童可能會：<br>1. 具有超乎他（她）年齡階段所該有的性知識或是對性的興趣，表現在行為、口語陳述，或是清楚畫出有關性（行為、器官等）的圖像。<br>2. 有退化性行為的出現，例如：尿床、吸吮拇指等。<br>3. 突然間對某些事物開始感到莫名的害怕、恐懼，例如：黑暗、大音量的噪音、男性、保母等，並常作惡夢。<br>4. 不願意參與需要更換衣服的活動，像是體育活動等。<br>5. 個性上有明顯的改變：退縮、沮喪、缺乏社會互動、沒有安全感（黏人），或是對學校規範有反應過度的情形。<br>6. 急於想要表現完美，對自己的表現卻是缺乏自信心。<br>7. 無法專心完成自己手邊的工作。 | 可能家中有新成員（弟弟或妹妹）的誕生而出現此類反應，或是家中有其他的改變。<br><br><br>可能個性害羞；可能之前有曾面對羞赧情境的經驗。<br>**行為／社會／情緒問題** | • 察看兒童在進入園所後，是否在短時間內體重增加了。<br>• 持續記錄兒童的行為並加註說明。<br>• 對於兒童的某些行為舉止盡可能不要大驚小怪，而是要將所發生的情形記錄下來（標明日期並簽名）。<br>• 如果兒童對於從事某些活動表現出很不自在或是痛苦，不要強迫他，並將當時的情形記錄下來。<br><br>*切記：你認為兒童的行為或是兒童所遭遇的狀況，可能是受虐的指標時，務必一一記錄下來，並註明日期和觀察者的簽名。* |

A

| 行為特徵 | 其他可能因素 | 建議 |
|---|---|---|
| 8. 缺乏食慾，或是有強迫進食的情形。<br>9. 維繫同儕關係有困難。<br>10. 曾經發生自傷的情況。 | | |

### 生理特徵

這類兒童可能會：

| 行為特徵 | 其他可能因素 | 建議 |
|---|---|---|
| 1. 在坐著或走路時會感到困難。<br>2. 生殖器官會有紅腫、發癢、疼痛的現象。<br>3. 外部生殖器流血或有撕裂的現象。<br>4. 排尿時會感到疼痛。<br>5. 內衣有沾污、撕破或殘留血漬的情形。<br>6. 陰道或陰莖有分泌物或受感染的現象。<br>7. 持續有喉嚨痛的情況但是原因不明。 | 或許是手淫的結果。<br><br><br>**腎臟和膀胱失調**<br>其他內科方面的問題<br>或許是便秘造成的<br>或許是陰道或陰莖發炎<br><br>**過敏症** | |

### 通報的責任

備註：在美國和加拿大，教師和醫事人員皆需依法提報疑似受虐的個案，若是有失責疏於通報的情形，最高可處罰金10,000美元並判處監禁。在台灣，依據「兒童及少年福利保護法」，醫事人員、社會工作人員、教育人員、保育人員、警察、司法人員及其他執行兒童及少年福利業務人員，對於疑似遭受身心虐待或其他傷害的情形，應負起立即通報的義務和責任，如果沒有正當理由的話，依此法第六十一條的規定，要處新臺幣6,000元以上30,000元以下的罰鍰。

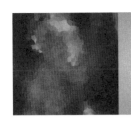

# 過敏症
## ALLERGIES

　　**過敏症**是由於身體的免疫系統對於特定物質（過敏原）產生不正常的反應，對大多數人來說，這些特定物質並不會在他們身上引發任何生理上的症狀，但是對於某些人卻會引起過敏性反應，因過敏所產生的症狀可能很輕微也可能很嚴重。一個人的過敏反應經常受遺傳影響。兒童在進入學校（或園所）之前，可能已經被診斷出有過敏症，也可能還不確定。

*備註：如果兒童已有過敏症的病例史，務必將兒童所有過敏原以及可能引發的過敏症清楚記錄並隨時備用，並要瞭解兒童過敏會出現哪些反應以及建議的處遇方式。兒童之前的就醫地點以及緊急聯絡人（父母）的電話號碼都要放在隨手可得之處。*

| 生理和行為特徵 | 其他可能因素 | 建議 |
| --- | --- | --- |
| **1. 皮膚**<br>這類兒童可能會癢，並且還有：<br>• 紅色小突起。<br>• 蕁麻疹（出現發紅的丘疹）。<br>• 濕疹（紅腫發炎，令人搔癢的疹子）。 | 兒童疾病──德國麻疹、麻疹、玫瑰疹、水痘。 | • 請將孩子的姓名及所知的過敏症狀一一列表，貼在固定地方，讓代課老師或是參與的父母有相關資料可查詢。<br>• 如果兒童過敏症狀影響到學習的參與度時，就要尋求醫療的協助。<br>• 在學校環境裡，找出可能誘發過敏的來源。 |
| **2. 呼吸系統**<br>　（Respiratory System）<br>這類兒童可能會：<br>• 流鼻水、發癢、眼睛紅腫。<br>• 眼眶下有黑眼圈。<br>• 會鼻塞或流鼻水；傾向用手掌把鼻子向上搓揉，以增進呼吸的暢 | 普通感冒<br><br>扁桃腺感染／腺狀腫<br>呼吸道感染 | • 試著記錄過敏反應產生的時間、地點和可能的誘發因子。<br>• 嘗試註記每一次發作的形式。<br>• 如果兒童很不舒服，或是有很嚴重的過敏反應，務必要保持冷靜並 |

A

| 生理和行為特徵 | 其他可能因素 | 建議 |
|---|---|---|
| 通。<br>• 耳朵發癢或感覺被塞住。<br>• 呼吸短促。<br>• 用口呼吸、打噴嚏、流口水、打鼾、有鼻息聲或喘鳴。<br>• 感到嘴巴或喉嚨發癢。<br>• 唇、口、喉嚨或舌頭會有腫脹的現象。<br>• 咳嗽頻繁（疑似有格魯布性喉頭炎 (croup)）。 | 氣喘 | 以接納的態度來面對；不要大驚小怪，儘量讓兒童放輕鬆、感到舒服。<br>• 儘量避免環境中可能的誘發因子。<br>• 鼓勵那些有嚴重過敏的兒童戴上醫療警示的手環（medic alert bracelet）。<br>• 需注意含有乳膠成分的產品，已證實有許多兒童會對此產生過敏反應。乳膠產品（latex products）包含：<br>—氣球<br>—橡皮筋<br>—OK繃<br>—乳膠漆<br>—安撫奶嘴、奶瓶奶嘴 |
| 3. **胃（消化過程）**<br>**（Stomach (Digestion Process)）**<br>這類兒童可能會：<br>• 感到噁心或是嘔吐。<br>• 胃痙攣或消化不良。<br>• 便秘或腹瀉（帶有血絲或黏液）。 | 緊張和壓力易導致頭痛、胃痙攣、便秘／腹瀉，和其他生理上的反應。<br>*備註：許多亞洲和非洲裔的兒童喝牛奶會產生不適感，許多父母是到北美定居後才發現兒童的不適應，但是未必會覺察到兒童的消化問題是因為牛奶所引起的。* | **過敏性反應**<br>（Anaphylactic Reaction）<br>曾有過敏性反應病史的兒童（嚴重且危及生命的過敏性反應）是容易引發其他嚴重過敏反應的高危險群。 |
| 4. **其他全面性反應包括：**<br>• 莫名的發燒。<br>• 盜汗。<br>• 過度換氣。<br>• 感覺總是在生病——體重遽變。<br>• 頭痛。<br>• 易怒、脾氣差、愛哭。 | **行為／社會／情緒問題**<br>**囊胞性纖維症。糖尿病**<br><br>可能因新陳代謝或淋巴腺的問題引起的體重遽變虛弱感和暈眩感。<br>有些兒童會因氣候及飲食 | **過敏性反應的症狀可能有：**<br>• 刺痛感或灼熱感。 |

| 生理和行為特徵 | 其他可能因素 | 建議 |
|---|---|---|
| • 胃口不佳。<br>• 容易疲累。 | 的改變而受影響,室內燥熱的溫度或是冬天室外酷寒的天氣都會讓他們感到不適應。 | • 蕁麻疹。<br>• 喘鳴聲或呼吸困難。<br>• 嘔吐。<br>• 腹瀉。<br>症狀通常會持續大約5到45分鐘,也可能延長至2小時,請務必與父母聯繫。<br>若是園所或校內已知有過敏的兒童,建議預備自動注射器(氣喘發生時的緊急處理藥劑),並教導每位人員如何使用。 |

A

## 可能誘發過敏的來源

### 1.藉由空氣傳播（air borne）

- 花粉（植物和樹木）。
- 黴菌（常存在於空氣中，老房子或潮濕的地下室最常見）。
- 動物的毛皮、垢屑、唾液。
- 塵蟎、蟑螂。
- 羽毛（如：枕頭填充物）。
- 居家塵埃。
- 煙草氣味。
- 粉筆灰。
- 香水。

### 2.食物，特別是

- 蛋。
- 牛奶。
- 巧克力。
- 甲殼類。
- 水果——如：柑橘類、草莓。
- 堅果類。
- 花生。
- 大豆。
- 番茄。
- 小麥製品。

### 3.藥物

- 阿司匹靈。
- 盤尼西林。
- 磺胺製劑

### 4.天氣

- 非常熱或非常冷的氣溫。
- 非常乾或非常潮濕的空氣。
- 在陽光下過度曝曬。
- 天氣的遽變。

### 5.昆蟲螫針（insect stings），特別是

- 蜂類。
- 黑蠅（廣泛分布在北美洲）。

### 6. 與某些特定物的接觸

- 植物。
- 化粧品。
- 染料（常擷取自植物或是化學物質）。
- 纖維材質（如：羊毛）。
- 洗手皂或洗衣皂。
- 泥（黏）土可能讓敏感性皮膚變得乾燥或是發炎。
- 乳膠成分的產品（橡膠手套、特定的玩具等）。

### 7. 細菌或病毒引發的疾病

- 其他的疾病（如：呼吸道感染引發的感冒）或是藥物治療都有可能引發過敏性反應。

A

## 過敏症vs.食物不耐症 Allergies Versvs Food Intolerance

**食物不耐症（food intolerance）**

所謂食物過敏症是指身體的免疫系統對於特定食物的不適應所引起的過敏性反應。

食物不耐症不同於食物過敏症，在於它的引起原因尚未明確。就目前所知，部分原因是由於體內缺乏酵素所引起的。

乳糖不耐症（lactose intolerance）──是指兒童無法消化牛奶中的乳糖（天然糖分）所引起的。

穀膠過敏症（celiac disease）──兒童對於麩質有過敏反應（澱粉和小麥製品），而且無法自行消化。

# NOTE

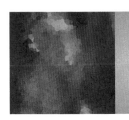

# 肢體截除／先天肢體缺陷
## AMPUTATIONS/BORN WITHOUT LIMBS

**肢體截除**是指兒童生來就缺少肢體，或是因為意外事故、醫療上的需要而做手術切除。

| 生理和行為特徵 | 基本資訊 | 建議 |
|---|---|---|
| 1. 兒童失去的關節部位愈多，生活適應困難度愈高。<br><br>2. 兒童的適應程度和他失去肢體的年齡有密切相關，肢體障礙年齡愈早，適應愈容易。<br><br>3. 父母和老師給予的支持、接納、鼓勵愈多，兒童就愈能接納自己的障礙。<br><br>4. 裝設義肢（prosthetic devices）在目前的醫療技術上已經很容易做到了，因此學校或園所須對於義肢安裝的合適度、功能、兒童的心態、兒童如何能操控自如等因素都要清楚了解。<br><br>5. 衡量兒童裝設義肢前後的能力表現是很重要的。有些兒童沒有 | 務必了解兒童失去肢體的原由以及經過了多久的時間，這樣才能幫助人員了解這件事在兒童心理上會產生什麼樣的衝擊。<br><br>兒童若是在二歲以後失去肢體，他可能會有「幻肢」（phantom limb）痛的感覺，這意指兒童仍會感覺失去的肢體依舊存在，他還能感覺到不存在的肢體會癢或疼痛。 | • 向兒童的治療師取得適合兒童參與的活動資料，老師可依此資料改編活動，讓團體中的其他成員能參與，兒童也能加入成為當中的一員。<br><br>• 發展可以增進自理能力的活動，藉此培養兒童的社交技巧和自尊心。<br><br>• 調整玩具的位置或是物品的高度（提高或調降桌子或畫架），讓兒童盡可能完整參與活動。<br><br>• 腳踏車或兒童玩具車需要適當調整——例如，運用魔鬼粘帶、量身打造的座椅等，讓兒童能運用具功能或不具功能的肢體讓自己更安全地定位在車上。<br><br>• 試著不要突顯兒童的缺陷，儘量如一般的兒童來看待。記住，教育人 |

A

| 生理和行為特徵 | 必問的重要問題 | 建議 |
| --- | --- | --- |
| 裝設義肢也能有良好的適應，但若能充分配合使用義肢就能有更多更好的能力。不過有時義肢的裝設，其裝飾性的作用可能大過本身的功能性。 | 什麼機構或是誰能提供相關建議？<br><br>義肢如何正確穿戴或調整？<br><br>在什麼情況之下或是需隔多久時間就應該把義肢拿下來？兒童是否有不必穿戴義肢的選擇？<br><br>兒童要避免參與什麼活動，以防兒童受到傷害或是損害到所穿戴的義肢？ | 員的態度和作為是其他兒童行為的典範。<br>• 如果有兒童失去肢體卻沒有尋求任何支援的管道，應通知所在地區的衛生單位。<br>備註：請查閱腦性麻痺和脊柱裂以獲取更多的建議。 |

A

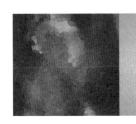

# 關節炎（兒童關節炎）
## ARTHRITIS（Juvenile Arthritis）

**兒童關節炎**是一種非傳染性症狀，會引發關節結締組織腫脹或發炎，導致在某處或多處關節疼痛，它會有一些不同的症狀產生，不過這些症狀通常有其基本的特徵。

兒童關節炎和發生在十六歲以上的關節炎是不同的，它是在兒童時發生的關節炎。兒童關節炎若是有提供合宜的醫療處遇及物理治療，經過數月或數年之後，大多能得到很好的成效，其主要的醫療處遇就是在腫脹、疼痛或僵硬時給予高劑量的阿司匹靈或關節炎專用止痛劑，以得到暫時性的緩解。

雖然大多數患有兒童關節炎的兒童可能在進入園所前就已被診斷出來，但是您也很有可能是第一位觀察到兒童有關節炎相關症狀的人員。

| 生理特徵 | 其他可能因素 | 建議 |
|---|---|---|
| 這類兒童可能會：<br>1. 在關節部位——腿部、手腕、手部、頸部及後背發生週期性且持續的疼痛、腫脹及僵硬。<br><br>2. 通常最劇烈的疼痛及僵硬的情況會發生在早上的時間，並且也可能在某些日子會比平常更加惡化。<br><br>3. 如果長時間缺乏活動，會發生關節部位的僵硬，並導致環繞關節部位的肌肉無力。 | **肌肉萎縮症**<br>風濕性熱<br><br><br><br><br><br><br><br>肌肉拉傷／瘀傷<br>**虐待／受忽視**<br><br>紅斑性狼瘡（好發於青少年及成人） | • 儘量將兒童以一般的兒童來看待，期望兒童遵守相同的規範和限制。然而另一方面，也要顧慮到兒童因患有關節炎所必要的調整，包括：<br>　－允許兒童有多餘的時間從一處活動到另一處。<br>　－如果兒童在進行體育活動時有休息的需求，應允許他增加休息時間。<br>其他的建議還包括：<br>• 有任何疑問，向兒童的父母和／或醫生諮詢是 |

A

| 生理特徵 | 其他可能因素 | 建議 |
|---|---|---|
| 4. 有時關節炎部位的皮膚會有泛紅的現象。 | | 很重要的。 |
| 5. 給人無精打采、虛弱、臉色蒼白的感覺或體重顯得過輕。 | 貧血<br>白血病 | • 患有關節炎的兒童會由於自己的狀況使得情緒起伏不定，老師務必提高這方面的敏感度。 |
| 6. 經常發高燒，兒童的體溫可能在同一天裡忽上忽下，這樣的情況可能會持續好幾週，但是很少會超過六個月。 | 營養不良 | • 溫水游泳池中的活動對兒童會有幫助。園所或學校是否有合適的泳池可供這類兒童使用？ |
| 7. 發燒通常伴隨發抖或打冷顫。 | | • 如果身體狀況允許，兒童是可以參與任何課程、活動或遊戲。 |
| 8. 發燒時會在身上長出疹子，並出現好幾天；有些狀況會伴隨有乾癬的症狀。 | 過敏症 | • 幫助建立自尊心的活動對兒童來說特別重要。思考兒童能力可及的活動或教學，而不是一直把焦點放在兒童身體的限制上。 |
| 9. 腹痛。 | 囊胞性纖維症<br>眼部感染 | |
| 10. 眼睛發炎。 | | |
| 11. 關節部位發炎，可能會影響骨頭的成長速度，因此有些兒童的骨頭會比正常兒童來得長或短。 | 身體比例可能因為遺傳而延緩其生長。 | |
| 12. 淋巴結腫大（頸項後部和腋窩等部位常會有腫大的現象）。 | | |

A

| 行為特徵 | 其他可能因素 | 建議 |
|---|---|---|
| 這類兒童可能會：<br>1. 因疼痛而不願意活動自己的腿或手臂。<br>2. 跛行。<br>3. 受疼痛影響而情緒易起伏不定；逃避從事一些活動（不必強迫兒童去做）。<br>4. 在進行下一個活動之前，兒童需要一些休息的時間。<br>5. 因為家庭的壓力或缺乏與同儕之間的互動經驗，造成情緒／社交方面發展有困難。 | **虐待／受忽視**<br>肌肉拉傷<br>**肌肉萎縮症**<br><br><br><br><br>**營養不良**<br>貧血<br><br><br>缺乏睡眠 | |

| 必問的重要問題 | 基本資訊 | |
|---|---|---|
| 兒童需要任何樣式的輔具來固定嗎？如果需要，多久使用一次？要如何固定和調整？<br><br>兒童是不是有接受藥物治療？如果有，是什麼類型的藥物？<br><br>服用藥物有什麼副作用需要多加留意？<br><br>藥物多久服用一次？何時服用？如何服用？ | *備註：大部分患有關節炎的兒童，需要持續地進行活動以避免關節僵硬。因此，相關人員應該試著幫助兒童找出活動的最佳時間。* | • 治療師或醫師可能會建議一些對於兒童特別有幫助的活動方式及內容，而且能在團體活動中同時進行。<br>• 一些必要的醫療資訊，例如：「額外的休息」或「藥物反應」等，應該以書面方式張貼在人員可以看到的地方。<br>• 園所或校方應將兒童醫師所指示必要遵守的特定程序明確寫下來。<br>• 確定所有人員都了解兒童有哪些特殊的需求。 |

A

| 必問的重要問題 | 基本資訊 | 建議 |
| --- | --- | --- |
| 需要點眼藥水嗎？多久點一次？要如何點？<br><br>是否有活動上的限制？如果有，是哪些活動？兒童有哪些症狀是需要多留意的？<br><br>是否有適合兒童且必要的體育活動？如果有，建議的活動有哪些？ | 給您的資訊：服用過多的阿司匹靈典型的症狀會有：<br>• 呼吸急促或深長。<br>• 耳鳴。<br>• 嗜睡。<br>• 反胃。<br>• 嘔吐。<br>• 焦躁易怒。<br>• 異常的行為。 | • 兒童應該戴上有醫療警示的手環（medic alert bracelet）。<br>• 如果兒童有任何需留意的症狀發生，務必要告知兒童的父母。<br>• 有任何可能因藥物引起的反應，應該事先建立處理程序的流程，以從容應付發生時的狀況。<br>備註：如果園所或校內正發生腸胃型流感疫情或病毒傳染，這些症狀可能會和兒童藥物反應的症狀互相混淆，而無法馬上釐清兒童顯現的症狀原因為何。 |

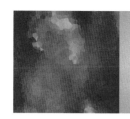

# 氣喘
## ASTHMA

**氣喘**是一種慢性呼吸系統疾病，有時導因於支氣管狹窄。當呼吸道發炎或腫脹時，會誘使黏液分泌過多，進而阻塞小氣管。如果吸入或接觸到刺激物，如：昆蟲咬傷、蜂類螫針、食物或病毒等，支氣管內黏膜因受刺激而會誘發過敏反應。

氣喘是幼兒最常見的呼吸系統疾病。

患有氣喘的兒童會反覆出現呼吸困難的現象，呼吸聲音讓人聽起來像是在竭力吸取空氣。

備註：患有氣喘的兒童可能在進入園所之前就已被診斷出來，因此，了解兒童已接受過哪些醫療或是還需要做哪些醫療是很重要的，並找出會引起氣喘發作的刺激物，以及在生理上有哪些限制。

要確定當兒童氣喘發作而出現無法及時控制的情況發生時，可以立即聯絡哪些人。

| 生理和行為特徵 | 其他可能因素 | 建議 |
|---|---|---|
| 這類兒童可能會：<br>1. 有刺激性的乾咳。<br>2. 輕微的氣喘聲。<br>3. 有濕疹、蕁麻疹、枯草熱或眼睛發癢。<br>4. 被診斷有過敏症，且會誘發氣喘。<br>5. 心口灼熱（胃灼熱）、噯氣（打嗝）、吐奶（在嬰兒時期）。<br>6. 身材較小且臉色蒼白。<br>7. 因缺乏運動而體重過 | 可能是呼吸系統感染或支氣管暫時受到刺激。<br>因阻塞而使氣管窄化。 | • 心態保持輕鬆與接納。<br>• 讓兒童處在一個安靜、無壓力的活動中，直到症狀緩解。<br>• 如果有其他兒童對於此兒童的症狀提出疑問，可適時向他們說明：該兒童有一點點呼吸方面的問題，但這是暫時性的，不會持續太久。<br>• 如果兒童吃不下東西了，不要強迫他進食。 |

A

| 生理和行為特徵 | 其他可能因素 | 建議 |
|---|---|---|
| 重。<br><br>8. 因為氣喘方面的生理特徵而導致行為上的問題。<br><br>9. 缺乏睡眠而有疲憊感。<br><br>10. 因服藥所產生的副作用（緊張、焦躁不安、心悸、噁心、脈搏急促、盜汗、嗜睡、心煩意亂）。<br><br>**誘因（引起反應的刺激物）**<br><br>1. 病毒感染，例如：一般感冒、流鼻水引起鼻竇感染。<br><br>2. 運動過度，例如：跑步、大笑等。<br><br>3. 情緒上的壓力和焦慮會讓氣喘的發作更加嚴重。<br><br>4. 室內溫度驟變：非常乾燥或非常潮濕；非常熱或非常冷。在室外：空氣寒冷、潮濕或乾燥。<br><br>5. 過敏原和刺激物：<br>　• 動物：蟑螂、寵物（來自狗、貓、兔子和沙鼠的毛皮垢屑和唾液）。<br>　• 食物：果汁、牛奶、堅 | 過敏症 | • 儘量提供兒童成功表現的機會；幫助建立社交／同儕互動關係。<br><br>• 休息時間應納入日常體能活動的課程規劃中。<br><br>• 檢視環境中已知會誘發過敏的刺激物，並且試著找出環境中的可疑因子，例如養在園所或校內的動物、提供的食物、煙霧、房間灰塵或粉筆灰、植物花粉、香水或香菸灰。<br><br>• 如果人員察覺有任何會引起發作的來源，立刻將它從環境中移除或是將兒童帶開。<br><br>• 如果室內過於乾燥，增濕機或噴霧器都能幫助增加空氣中的濕度。如果在潮濕的室內／區域，除濕機的運用能減少濕氣和黴菌。<br><br>• 先得到家長的同意，再諮詢兒童的醫生，請求協助提供處理兒童情況的技巧。<br><br>• 擬定一項應變計畫，以處理兒童發作時，可以有效幫助他順暢地呼吸，包括：使用藥物、 |

| 生理和行為特徵 | 其他可能因素 | 建議 |
|---|---|---|
| 果、蛋類、花生、花生醬、巧克力、魚類、全麥製品、海鮮等有時也是誘發來源。<br><br>• 空氣傳播：居家灰塵、塵蟎、粉筆灰、滑石粉、蠟燭燃燒的煙、羽毛、羊毛、玻璃、花粉、黴菌。<br><br>• 氣味：香水、香皂、顏料、菸草燃燒味、化妝品、汽車排放廢氣、廚房油煙味、香料、清潔劑等。<br><br>• 化學清潔製品。<br><br>• 含有矽膠的產品。<br><br>• 未按時使用氣喘藥物。<br><br>備註：有些藥物會誘發氣喘。這類兒童會對某些藥品有過敏反應—例如：阿司匹靈、抗生素等。<br><br>備註：有時氣喘發作的情況看起來會比實際狀況嚴重。如果兒童有氣喘聲但是並未顯得痛苦，人員應允許兒童先休息，讓他安靜玩幾分鐘後看看他的呼吸是否有改善。<br><br>切記—務必隨時預備兒童的藥物以防萬一。 | 過敏症 | 氣管擴張劑、噴霧劑、吸入劑等。 |

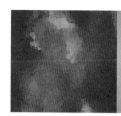

# 注意力缺陷／過動症
## ATTENTION DEFICIT/HYPERACTIVITY DISORDER（ADHD and ADD）

**注意力缺陷（簡稱ADD）**——是一種發展性缺陷，這類兒童無法長時間專注以致於在完成工作或獲取訊息上有顯著的困難。假如兒童還有活動量過多的問題，就歸類於**注意力缺陷過動症（簡稱ADHD）**。注意缺陷過動症以男生出現的比率較高，而注意力缺陷則以女生居多。此類行為特徵在童年時期就會出現，有些症狀在青春期時消失，但有些症狀會持續到成年。

**備註：**注意力缺陷（ADD）與注意力缺陷過動症（ADHD）的行為特徵會與其他障礙類別兒童行為有相似的地方，因此，教師要確認兒童已作過生理檢查，以排除是由聽覺、視覺或是動作方面所引起的問題。另外，也要排除其他如情緒與行為障礙，和特定的學習障礙包括：視覺的、聽覺的和動作的異常。

目前對於引起此症狀的原因還不明確。可能的原因包括：遺傳、母親懷孕時期營養不良、過濾性病毒感染、母親懷孕時期藥物濫用、暴露於鉛的環境中、頭部外傷、不明原因神經學上的失調。但此症狀並不是如一般大眾所認為是由父母親不適當的教養所造成的。

**處遇：**心理社會分析治療，父母諮詢輔導，並伴隨規律的藥物治療，可以減輕與控制注意力缺陷過動症與注意力缺陷症狀。

## 過動症

| 生理和行為特徵 | 其他可能因素 | 建議 |
|---|---|---|
| 這類兒童可能會：<br>1. 表現出過多的活動量。<br>2. 從事活動經常是漫無目的。<br>3. 過多的行為舉止是超出自己所能控制的。 | 備註：大部分的兒童都是活潑並充滿精力的，但是他們可以管理自己行為，而注意力缺陷和注意缺陷過動症的兒童是無法做到的。<br>**聽覺障礙**<br>**視覺障礙** | • 試著讓兒童每天在開放性環境進行活動，但也要有區隔的區域以避免兒童分心。<br>• 利用教室不同的角落進行不同類型的活動，其中包含一個安靜區來提供非處罰「冷靜下來」的時間，裡面可以擺放 |

A

| 生理和行為特徵 | 其他可能因素 | 建議 |
|---|---|---|
| 4. 無法安靜坐好,會顯得坐立難安,身體輾轉不安的扭動著。<br>5. 身體有很多無功能性的動作——扮鬼臉、磨牙、吸吮拇指。<br>6. 以跑或爬代替走路。<br>7. 經常嘗試性的探索,但通常不是為了學習而做的。<br>8. 需要的睡眠時間很少。在睡眠中也可能出現過量的活動。<br>9. 無法安靜地玩遊戲。<br>10. 沒有耐心。 | 感覺缺陷:有聽覺或是視覺問題的兒童通常會有這類行為產生。<br>情緒上的壓力<br>**腦性麻痺**<br>**自閉症候群**<br>**妥瑞氏症**<br>其他神經學上障礙<br>中樞神經系統傷害<br>環境的壓力<br>家庭生活型態可能缺乏組織或是缺乏教導。 | 積木、玩具等。<br>• 試著將聲音與視覺的干擾降到最低。在教室中播放背景音樂,看看是否能讓兒童平靜下來專注工作或是會讓兒童分心。<br>• 當兒童出現無功能性的行為(例如扮鬼臉、磨牙等),老師應引導他去有興趣的角落進行活動,試著讓兒童移轉行為注意力,以取代口頭制止行為的方式。 |
| **不專注**<br>這類兒童可能會:<br>1. 只有短暫的專注力,容易因外在的事物而分散注意力,沒有辦法集中注意力。<br>2. 容易受到視覺與聽覺環境的過度刺激。 | **過敏症**<br>**早產**<br>兒童有貧血情況——缺乏鐵質 | • 有可能的話,試著延長兒童專注於某一項活動的時間。例如在講解某物時,可讓他觸碰該物以延長他專注時間。<br>• 在與兒童說話前,先讓他能注意你。<br>• 指令要簡短。<br>• 縮短活動說明的時間。 |
| 3. 對於自己喜歡的工作也無法專注。<br>4. 不能集中注意力聽別人說講話,以致於無法遵循老師的指令。 | **學習障礙**<br>**感覺統合失調**<br>就學準備度不足 | • 對兒童期望是實際可行的。<br>• 在進行團體活動時,兒童參與活動若是有困難,安排他坐在老師附近的位子。 |
| 5. 無法完成作業,甚至當他有動機也是如 | 發展不成熟 | • 允許兒童手中握有一件物品,例如在聽故事的時候。 |

| 生理和行為特徵 | 其他可能因素 | 建議 |
|---|---|---|
| 此。<br>6. 對於日常生活例行性事物容易忘東忘西。<br>7. 可能會作白日夢。<br>8. 無法有效組織作業並完成它。<br>9. 經常容易覺得無聊。<br><br>**衝動的部分**<br>這類的孩子可能<br>1. 行動前缺乏思考，經常是對於行為的後果反應過度或不足或是毫無知覺。<br>2. 經常變換不同的活動。<br>3. 遊戲與學習活動缺乏組織性或是無法有系統地從事例行性工作。<br>4. 通常以肢體動作擾亂秩序，需要受到持續的監督。<br>5. 對於輪流等待有困難，無法依次等到自己的機會。<br>6. 會不斷地與人交談，但與人對話的品質常常文不對題或理解能力很差。<br>7. 常常打斷別人說話，會在團體活動時大 | 缺乏完成工作的能力<br><br><br>**自閉症候群**<br>**智能障礙**<br><br><br>*備註：兒童有新陳代謝、行為、情感的障礙可能會出現類似的行為。*<br><br><br>**學習障礙**<br><br><br>**行為／社會／情緒問題**<br><br><br>**智能障礙** | • 對兒童的限制：清楚地描述訂定的規則與實際行為的結果，並持續的執行。<br>• 儘量不變更每日例行活動。<br>• 當兒童表現出適當行為時給予口頭或身體上的正向回饋。讓兒童了解何種表現是好的行為，例如「你將所有的玩具放回原來的位子，你真棒！」<br>• 試著提供早期性的介入以避免挑釁與破壞行為產生。<br>• 試著製造兒童與同儕正向互動的機會，但是要避免受到過度刺激或是感到沮喪的情形，例如和同學一起搬東西或整理桌子就是一個正向互動的活動。<br>• 為了在團體活動中有正向的互動，這類兒童比起正常的兒童而言更需要大人的監督。<br>• 因為這類兒童通常從大人和同儕中獲得較多負面的回饋，所以教師在教學時要儘量減少對兒童負面的評價。經常對 |

A

| 生理和行為特徵 | 其他可能因素 | 建議 |
|---|---|---|
| 叫。<br>8. 會很快速的完成工作，但工作品質通常是令人不滿意。<br>9. 對於老師提問的問題，容易快速的猜答而未多加思考。<br>10. 在社會互動與個人安全情境通常缺乏判斷力。<br><br>**易激動性**<br>這類的兒童可能<br>1. 很容易煩躁。<br>2. 心情快速轉變。<br>3. 容易感到挫敗。<br>4. 發怒的原因讓人摸不著頭緒。<br>5. 當煩躁時會挑釁他人或擾亂秩序。<br>6. 會發脾氣。<br>7. 會粗魯的或缺乏理智的。<br>8. 會因自己的問題責怪他人。 | 行為／社會／情緒問題 | 兒童說出老師所期望的行為，例如「你必須將腳放在地板上」（當兒童用腳踢桌子下面時）。<br>• 觀察與記錄一天當中不同時段與環境中兒童活動的情形，並紀錄何時兒童是與大人獨處或是與同儕相處，因為這樣能幫助老師了解兒童行為的模式與不同環境對行為所造成的影響。<br>• 試著去判斷哪些活動能使兒童冷靜下來或是哪些環境對兒童來說會過度刺激，在設計課程時可以列入考量。<br>• 以圖表記錄兒童的行為。<br>• 固定間隔一段時間進行教學介入，兒童的檔案應該定期的檢查與評估。<br>• 與兒童溝通的方式應保持冷靜與正向的態度。<br>• 與父母建立信任的關係能促使老師與家長共同分享兒童在學校與家裡行為表現的資訊。 |

| 社會／情緒後果 | 其他可能因素 | 建議 |
|---|---|---|
| 從上述注意力缺陷與注意力缺陷過動症兒童的行為特質，他們在社會與情緒上會出現以下情形：<br>1. 自尊心低落。<br>2. 對於如何建立與維持友誼有困難。 | | 備註：許多注意力缺陷／過動的兒童以藥物治療以減弱不適當行為與提升注意力。如果面對這樣的個案，老師更需要提供觀察紀錄給家長及其他專業人員。<br><br>**試著尋找、觀察、記錄、分享下列事項：**<br>• 毫無改變或明顯改變的行為。<br>• 毫無生氣的反應。<br>• 疲倦的表現。<br>• 行為逐步改變。<br>• 注意力增加情形。<br>• 減少衝動情形。<br>• 飲食習慣改變。<br>• 一天的某些時間兒童較有／較無活動力。<br>備註：對老師、家長與心理治療師來說，分享觀察紀錄、想法與共同合作是非常重要的，如此才能發展出符合兒童特殊需求的處遇計畫。 |

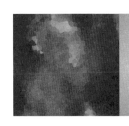

# 自閉症候群（廣泛性發展障礙）
## AUTISM SPECTRUM DISORDER
### （Pervasive Developmental Disorders）

**自閉症候群**包含了自閉症、兒童早期崩解症、雷氏症、亞斯伯格症和其他未被註明之廣泛性發展障礙類型。

自閉症候群基本上是一個複雜、嚴重的廣泛性發展障礙，此類症狀在兒童三歲之前出現。兒童終其一生都會有這種神經性問題，其最主要的問題在於社會互動困難、溝通技巧、刻板性／強迫性行為，大部分的案例有智能受損的問題。自閉症候群（不包含雷氏症）男童出現率高於女童，並不是所有自閉症兒童會表現出相同的症狀，而且其行為嚴重性也不相同。因為所顯現出的症狀是如此的不同，所以沒有一套可以施行的標準處遇／教育計畫。

自閉症通常伴隨智能障礙與癲癇發作。

自閉症候群的成因尚未確定。目前發現遺傳是自閉症主要的成因。目前所知，自閉症是腦部異常導致腦部對於訊息接收、處理、使用與傳送功能的影響。但絕對不是一般大眾所認為是由於父母不適當教養態度所造成的。

預後：假如自閉症在兒童早期即被診斷出來，並配合早期療育（依障礙嚴重的程度而不同），可能會減少某些症狀對兒童的影響，有些症狀則可能影響到將來的生活。

## 自閉症

| 社會／情緒／適應行為 | 其他可能因素 | 建議 |
|---|---|---|
| 自閉症的孩子可能會：<br>1. 無法察覺社會性線索，例如臉部表情、聲調、非語言的反應：例如皺眉不悅的表情。 | | • 鼓勵兒童參與包含社會互動、肢體接觸的遊戲與活動。<br>參考本手冊**注意力缺陷症**、**學習障礙**與**智能障礙**的單元活動，對於課程的 |

| 社會／情緒／適應行為 | 其他可能因素 | 建議 |
|---|---|---|
| 2. 當別人喊他的名字時沒有反應（好像聽不見一樣）。 | 聽覺障礙 | 規劃應該能提供實用的資訊。 |
| 3. 缺乏社交性的肢體語言，例如揮揮手、微笑等。 | | • 假如兒童在凝望某個地方時，可以試著使用新的技巧──例如運用會發出聲音的玩具、會移動玩具、身體上的接觸，使用肢體語言──來試著將兒童帶回現實情境中。 |
| 4. 和別人很少、不適當或沒有目光接觸；以固定或是迴避的眼神。 | 視覺障礙 | |
| 5. 對於某些情境以不適當的方式回應──例如當他被責罵或受傷時反而大笑。 | | • 與兒童互動時，試著和他保持眼神的接觸，但不要強迫他。這類兒童通常沒有辦法同時聽與注視。因此和他說話時，應避免說「看著我」。 |
| 6. 缺乏遊玩的技巧與休閒活動。 | | |
| 7. 在新的情境中展現出過度、似乎不合理的害怕，例如剪頭髮、修剪指甲、陌生人，環境中的改變，例如看到動物、搭船等。 | 行為／社會／情緒問題 | • 以「大手牽小手」的方式教他使用新的工具──例如畫畫。 |
| 8. 堅持日常生活例行性活動或的家具位置擺設的固定性，如果變換他會感到沮喪。 | 虐待／受忽視 | • 讓兒童在新環境或可能會讓兒童受到驚嚇的環境中感到自在。視情況可以讓兒童帶一個自己喜愛的玩具或物品以增加他的安全感。 |
| 9. 與熟悉的大人或小孩在情感上交流發展緩慢，比較喜歡獨自一人玩。 | | • 鼓勵兒童使用「社會性語言」──例如稱呼別人的名字，當有人進入房間或離開時適當的與對方打招呼。假如兒童沒有語言，可以用揮手 |
| 10. 對於陌生人不會感到焦慮。 | | |
| 11. 喜歡獨處，不會和他 | | |

A

| 社會／情緒／適應行為 | 其他可能因素 | 建議 |
|---|---|---|
| 人分享快樂。<br>12. 在遊戲時缺乏想像的技巧，和其他兒童很少有適當的互動。<br>13. 出現很多隨意的活動，例如徘徊；或是只待在同一個地方，專注於反覆性動作。<br>14. 有不成熟或不適當情緒行為或反應。<br>15. 無法理解因果關係應。<br>16. 缺乏一般臉部的表情，但是會在沒有特殊原因時扮鬼臉。<br>17. 從團體中脫隊，而沒有注意到自己已經迷路了。<br>18. 無法了解別人的感受或展現出同情心，且出現異於常人的冷漠。<br>19. 對自己或他人會有傷害或破壞性的行為。<br>20. 會有勃然大怒或是尖叫的情形，或是沒有原因的哭泣，當沮喪時不易被安撫。<br>21. 吸引他的食物或物品都是有相同的特徵（可能和家中的某些物品相似）。<br>備註：這類兒童對於物品 | 之前缺乏與其他兒童互動的機會。<br><br><br><br><br>**生長遲滯**<br><br>**智能障礙**<br><br><br>**行為／社會／情緒問題** | 代替。<br>• 以兒童目前的學習程度來規範適當的遊玩技巧。自閉症候群兒童通常需學習（需要先看再學）如何與他人遊玩。<br>• 要當機立斷，轉移他的注意力；當孩子出現破壞性的行為時，帶他離開當時的情境。<br>• 避免讓兒童破壞同儕的活動。老師可能需要讓兒童離開該區域──讓他分散注意力或再次教導適當行為都能有效教導兒童正確的做法。<br>• 確定兒童使用的玩具是耐摔的。當他想要撕或敲打東西時，提供他適當的物品。<br>• 在戶外活動時，確定兒童沒有到處閒逛。因為他似乎沒有「迷路」的概念。<br>• 在商店中，或是兒童正拿著會移動或易打破物品時，試著確認他的手是拿著或是正推著物品。<br>• 使用社會性故事（假如他理解語言）去介紹新的或特有的情況，或是 |

A

| 社會／情緒／適應行為 | 其他可能因素 | 建議 |
|---|---|---|
| 的擁有權並沒有概念。也因此會發現兒童有看似偷竊的行為而不自知，也不了解其中的原因。<br><br>22. 這類兒童會允許同儕拿走他的東西，因為他尚未建立東西所有權的概念。 | | 引導兒童去學習他以前經驗困難的工作或活動。<br><br>備註：自閉症候群的兒童必須隨時佩戴著醫療警示手環。<br><br>• 老師不要過度反應兒童固執與退縮的行為，試著引導他嘗試新活動，或延伸他的重複性活動，以發展可接受的行為或社會互動方式。 |

| 身體或生理／動作行為 | | |
|---|---|---|
| 這類兒童可能<br><br>1. 無法模仿他人的行為或聲音。 | 聽覺障礙<br>視覺障礙 | • 試著讓兒童去融入需要主動參與的活動中，例如活動需要運用到雙手或是搖擺身體。如果可能，別讓他在和人互動時有機會退縮。 |
| 2. 出現固執或反覆性的動作：拍手、旋轉物品、規律性的搖擺、身體上下晃動、拍手、搖晃手指等。 | | |
| 3. 對於氣味、觸摸、味道、聲音和物品的材質等感官接收上會有不正常的反應。 | 學習障礙（感覺統合失調） | • 設定範圍讓兒童可遵循，給予他清楚的口語與非口語的訊息。工作人員應視需要提供他身體上引導。 |
| 4. 重複發出大的聲音。 | | • 假如兒童有自傷的行為，輕輕地握住他的手或架著他的身體，並且同時說「不可以」。唱歌與搖擺他身體的方式通常能使他安靜下來並且停止自傷的行為。 |
| 5. 嚴重挑食，或吃非食物的物品。 | 營養不良（異食癖，請參閱第160頁）<br>腦性麻痺 | |
| 6. 以腳尖或腳掌下球型部位走路。 | | |
| 7. 粗大動作與（或）精細動作協調性不佳，步伐怪異，在走路時 | | • 因為兒童不會回應疼痛與不舒服感覺，工作人 |

A

| 身體或生理／動作行為 | 其他可能因素 | 建議 |
| --- | --- | --- |
| 不會搖擺手臂，會拖著腳步走。 | | 員需要隨時監督以預防可能發生的危險與傷害。 |
| 8. 對於疼痛、冷、熱、溫度改變的表達可能會沒有反應或過度反應。 | **虐待／受忽視**<br>**行為／社會／情緒問題** | • 確認兒童的穿著符合天氣狀況。但兒童通常會拒絕因為他對冷／熱的感覺沒有反應，也可能他是因為不喜歡衣服的觸感或質料。 |
| 9. 對某些物品特別著迷，例如電燈開關、抽水馬桶、開門關門的動作等。 | **學習障礙（感覺統合失調）** | • 因為兒童可能吃下環境中任何的物品，因此務必移除環境中不可食用的物品——包含室外及室內的植物，以及一般教室中不會用到的物品。 |
| 10. 有自傷的行為：碰撞、抓傷、咬傷、扯頭髮、猛撞自己，同時又沒有疼痛的感覺。 | **行為／社會／情緒問題** | • 鼓勵兒童參與社會互動與肢體接觸的遊戲與活動。 |
| 11. 對於與人的接觸有不正常反應，例如拒絕擁抱（輕柔的接觸），但從打鬥中獲得極大的樂趣（猛力的接觸）。 | | • 教導兒童特定技巧例如騎腳踏車。在進行過程中工作人員需要協助某些技巧動作。 |
| 12. 以重複、刻板的方式玩玩具／物品，例如：對同一個玩具或是同一類型的玩具一直反覆同一個動作。 | | • 有些兒童可能會注視特定的物品、顏色或出現重複性的動作（持續重複——退縮行為）。試著不動聲色地打破他這種行為的模式——例如，分散他的注意力，在他知道與看到的地方放置物品；或是提供一 |
| 13. 對別人有挑釁行為；當他發現陷入困境並無處可逃時，會覺得沮喪。 | | |
| 14. 外表通常是健康且很有吸引力。 | | |
| 15. 有癲癇發作情形（備 | | |

A

| 身體或生理／動作行為 | 其他可能因素 | 建議 |
|---|---|---|
| 註：在青春期較常發生）。 | | 個沒有玩具的空間讓他無法產生重複（退縮）的行為。 |
| 16. 有認知與空間的問題——例如在空間上沒有深度的知覺，因此可能爬高而不覺得危險。 | | 備註：有些自閉症兒童行為有時具有極端的擾亂性且無法管理。避免提供某些玩具會讓他產生重複性、退縮、產生孤立行為的並退縮到自我的世界中。重要的是給兒童一個有安全感，能平靜下來的環境，並幫助他在遊玩的情境中更積極主動的參與。 |
| 17. 有過度活動或注意力渙散的情形。 | 注意力缺陷／過動症 學習障礙 | |
| 18. 會經常憤怒，沒有原因大發脾氣。 | | |
| 19. 對危險狀況毫無知覺，例如路上的車子或處在高處。 | | |
| 20. 有睡眠問題。 | | • 允許兒童牽著老師的手去獲取他的需求。這時老師需要說出來兒童的需求是什麼——例如，「你想要果汁」。 |
| 21. 有過敏症或食物不耐症。 | | • 使用簡潔的方式說話。 |
| **溝通特徵（語言與溝通）** | | • 口頭說明最好伴隨肢體動作與非語言的姿勢（「過來這裡」——牽著兒童的手，並指出你想要他去的地方，或引導兒童正確的方向）。 |
| 這類孩子可能 | | |
| 1. 嬰兒時期沒有出現牙牙學語。 | | |
| 2. 缺乏非語言溝通的技巧，例如點頭、手勢、用手指示，或是適當的臉部表情。 | | |
| 3. 有少量或沒有語言出現，或者已出現語言發展，但是又退回到沒有語言的狀態。 | 聽覺障礙 | • 必要的話可透過肢體引導兒童表現出期望的行為——例如，老師手握著兒童的手以蠟筆描繪他喜歡的物品。 |
| 4. 較常使用非口語的語言，例如會拉著某人 | | • 鼓勵他使用社會性語言 |

A

| 溝通特徵（語言與溝通） | 其他可能因素 | 建議 |
|---|---|---|
| 去一個地方以獲取想要的物品。 | | （口語與非口語的打招呼方式）。 |
| 5. 缺乏情感性的聲調，甚至哭泣時也沒有。 | | • 可以用唱歌的方式向兒童說明老師指導的內容。 |
| 6. 會使用嗓音——發出哼哼聲或大吼。 | **妥瑞氏症** | • 運用圖片來增進字彙的認讀或進行說故事活動。 |
| 7. 對於口語的溝通沒有反應。 | **選擇性緘默症** | |
| 8. 會立即模仿別人說過的話，或是之前聽過的話（立即的模仿語言與延宕模仿語言）。 | | • 圖片遊戲可以幫助兒童配對技巧與增加字彙。（以遊戲板進行物品／動物配對遊戲） |
| 9. 說話之前會唱歌。 | | **參考說話與語言問題此章節所提供技巧。** |
| 10. 會刻板化的、重複的使用字或語句。 | | • 示範正確的發音方法。 |
| 11. 以不成熟的文法結構來說話。 | | • 說明並扮演社會性故事，幫助兒童體驗社會情境中適當的互動技巧。 |
| 12. 會混淆人稱代名詞——例如你、我的、你的。 | **文化差異對行為之影響**（英語為第二外國語／英語為同源語） | • 假如兒童傾向專注於某一主題，鼓勵他延伸新的想法。 |
| 13. 重複發出叮噹的聲音或念電視廣告詞。 | **說話和語言問題** | • 期望兒童能短時間專注的學習，兒童若能做到，則給予獎勵，例如音樂、喜愛的故事書、玩具或是搖椅。 |
| 14. 在發音、語音、發出聲音與流暢性上有異常的情形。 | | |
| 15. 在說話能力與表達能力上有困難，因此會造成別人很難去理解。 | | |
| 16. 缺乏實用的社會性語言（例如問候別人，開場白以及保持對話）。 | **學習障礙** | **參考腦性麻痺（擴大性溝通系統）相關資料。**其他相關的資料請參閱以下類別的建議策略：**學習障礙** |

A

| 溝通特徵（語言與溝通） | 其他可能因素 | 建議 |
|---|---|---|
| 17. 對於自己有興趣的話題長篇大論，使別人無從插話。與他交談的人無法給他意見或問問題。<br><br>18. 對於了解別人說的話、回答問題、遵從指令、或作口頭上的決定有困難。<br><br>19. 缺乏對周遭的世界了解，也無法表達自己的需求，因此容易感到沮喪。 | | 智能障礙<br>動作問題<br>學習障礙／感覺統合失調<br>說話和語言問題<br>注意力缺陷／過動症<br>過敏症（食物不耐症）<br>癲癇 |

### 學前／學科學習型態

這類兒童可能

1. 在認知技巧發展上有參差不齊的情形，兒童可能在某些領域有高功能，而某些能力則不及同儕。在學習能力上從輕微到嚴重的學習障礙情形都會出現。

　備註：請記得，自閉症是腦部功能障礙，它會影響腦部接收、處理、與傳遞訊息的功能。

2. 擁有或缺乏良好的視覺／空間的能力。

3. 對於視覺與空間的機械性記憶力強。

**學習障礙**

| 學前／學科學習型態 | 其他可能因素 | 建議 |
|---|---|---|
| 4. 無法模仿大人示範的動作。 | | |
| 5. 在計算能力上有特殊的能力。 | | |
| 6. 在音樂或藝術上有特殊的能力。 | | |
| 7. 在學習領域或主題上會專注在某一部分而忽略了其他部分。 | | |
| 8. 會一再重複相同主題或問題。 | | |
| 9. 對於自己沒有興趣的主題專注力低，對於有興趣的主題則有極佳的專注力。 | **注意力缺陷／過動症** | |
| 10. 無法理解自己所讀的東西。 | | |
| 11. 善於表達自己有興趣的主題。 | **文化差異對行為之影響（英語為第二外國語／英語為同源語）**備註：如果兒童曾遭遇受忽視或虐待，可能會出現與自閉症兒童相似情緒反應。因此，當兒童安置進入園所之後，試著找出可以幫助兒童改善行為的方式。**學習障礙** | |
| 12. 在不同活動之間的轉換會有困難。 | | |
| 13. 視覺與觸覺管道學習優於聽覺管道學習。 | | |

A

| 身體與行為的特徵 | 其他可能因素 | 建議 |
|---|---|---|
| **亞斯伯格症 Asperger Syndrome（Disorder）**<br><br>亞斯伯格症的兒童與自閉症兒童有許多相似的行為特徵。<br><br>亞斯伯格症兒童與自閉症兒童最主要的不同在於<br>1. 沒有明顯智能發展遲緩。<br>2. 有符合其年齡發展的語言技巧、生活自理能力，和適應行為（包含社會發展）。<br>備註：亞斯伯格症在六歲之前通常不會被診斷出來。它的出現率與自閉症一樣男生高於女生。 | 備註：請注意在「左列方格」說明不是該症狀的定義，因為它的描述不完整也沒有列出該症狀的特徵。<br><br><br>**學習障礙** | • 欣賞兒童智能表現，鼓勵他在藝術主題上進一步學習與延伸創造性，有些活動可能會使用到膠水與顏料（兒童也可能會不想使用這些東西）。<br>• 老師要協助提供兒童有主動與同儕互動的機會。亞斯伯格症兒童和同儕互動過程需要大人很多的支持和協助。<br>• 亞斯伯格症兒童的智能正常，因此，可以用說明的方法幫助他學習互動的技巧。（例如，「為了安全過馬路，同伴之間要手牽手，同時留意彼此都能安全通過馬路」）。 |
| **雷氏症Rett Syndrome（Disorder）**<br><br>雷氏症兒童行為特徵有很多與自閉症兒童是相同的。<br><br>最主要不同之處在於這群兒童在嬰兒期前幾個月發展是正常的，接下來就會有以下情況：<br>1. 喪失已發展出來的語 | **行為／社會／情緒問題** | 參考**自閉症候群**所列的建議策略。 |

| 生理和行為特徵 | 其他可能因素 | 建議 |
| --- | --- | --- |
| 言能力與社會互動技巧。 | | |
| 2. 頭部生長比率逐漸減緩。 | | |
| 3. 手部活動發展趨於刻版化（缺乏目的性活動）。 | | |
| 4. 步伐型態是張開的，腿部是僵硬的。 | 脊椎彎曲<br>肌肉萎縮症 | |
| 5. 出現類似自閉症行為。 | | |
| 備註：雷氏症出現率女生高於男生。因為整體發展持續的退化，對於未來的預後並不樂觀。 | | |

### 兒童早期崩解症
### Childhood Disintegrative Disorder

| 兒童早期崩解症所展現出行為與自閉症行為特徵很多是相同的。 | | |
| --- | --- | --- |

這類兒童最主要的不同處在於在二歲以前整體的發展似乎是正常的。隨著兒童逐漸成長，在十歲以前，會發生以下症狀：

1. 會喪失之前學過的技能——例如：動作、語言、社會性技巧、適

學習障礙

A

| 生理和行為特徵 | 其他可能因素 | 建議 |
|---|---|---|
| 應行為。<br>2. 上述領域中有兩個或更多領域功能的發展異常。<br>備註：兒童早期崩解症的發生大部分以男童為主。 | 視覺障礙<br>聽覺障礙 | |

**其他未被註明之廣泛性發展障礙**Pervasive Developmental Disorder Not Otherwise Specified

**廣泛性發展障礙**一詞是指兒童在所有的領域有廣泛性重嚴發展上的損傷：包括動作、語言、社會和適應性的行為，但是它的特徵並不和其他自閉症候群特徵相符。它也可以稱作「非典型自閉症」。

# 行為／社會／情緒問題
## BEHAVIORAL/SOCIAL/EMOTIONAL PROBLEMS

B

**行為／社會／情緒問題**是指兒童表現出問題行為與同年齡的兒童相比較下在問題行為次數與行為強度的差異。

假如兒童在行為和情緒方面表現過多或不足，或是在某些情境下兒童表現出不適當的行為，應可懷疑他有行為上的問題。

通常我們會發現問題的行為會與一些異常的情況——例如，智能上或是生理上的障礙有某種程度的關聯。這種情況可能限制兒童參與的範圍並產生挫折感，接著可能導致問題行為的出現。

*備註：當兒童經常有不適當的行為發生，且持續了一段長時間，並超出其他人可接受的程度，而且需要特別的協助，那麼他可能有行為／社會／情緒問題。*

## 行動力

| 生理和行為特徵 | 其他可能因素 | 建議 |
|---|---|---|
| 這類孩子可能會：<br>1. 愛搗亂、易衝動、弄不清楚目標，和／或精神無法集中。<br>2. 表現出不耐煩、急躁的、焦慮的、會發脾氣（激動性行為）。<br>3. 注意力短暫，無法完成一項任務，精神無法集中。<br>4. 喜歡干涉別人、衝動、擾亂別人，在團體情境中無法與他人 | **視覺障礙**<br>**聽覺障礙**<br><br>**智能障礙**<br><br><br><br>**文化差異對行為之影響（英語為第二外國語／英語為同源語）**<br>缺乏與人互動的經驗或互動經驗不足。 | • 將兒童的行為繪製成圖表——包括發生的事件、發生時間、行為的表現，和可能引起特定行為的情境。<br>• 和父母聯絡，討論兒童在家中的行為表現。<br>• 行為目標的訂定必須包含兒童正向社交經驗，並盡可能給兒童正向的支持與鼓勵。<br>• 忽視兒童負向的行為，當兒童出現正向行為時 |

B

| 生理和行為特徵 | 其他可能因素 | 建議 |
|---|---|---|
| 合作。 | | 給予增強。 |
| 5. 需要大人持續性的監督。 | 注意力缺陷／過動症 | • 清楚解釋團體的規則與日常生活規範，這樣能使兒童了解老師的期望。可能的話，試著讓兒童知道每天活動的安排與課程的計畫，以減少因非預期中的活動而產生害怕。使用圖表的方式讓他了解一天的計畫，這樣對於文字理解有困難或是訊息轉換有問題的兒童來說非常有幫助。 |
| 6. 愛發牢騷並且經常哭泣。 | 家庭教養環境 | |
| 7. 對自己有負面的評價——例如：「我很笨」、「我是呆頭鵝」。 | 家中學習得的經驗 | |
| 8. 非常聒噪、說不停。 | | |
| 9. 沒有辦法放輕鬆。 | | |
| 10. 展現想要獲取注意力的行為。 | 家裡與學校的期待不同 | |
| 11. 情緒轉換很快或固執無法變通（沒有辦法接受改變）。 | | |
| 12. 表現出活動過度情形。 | | |
| **退縮**這類兒童可能會： | | • 有些兒童會在大人定出行為規範後行為產生失控情形。這種行為通常是一種求救的訊息。試著在他行為失控之前去協助他，並幫他（她）找出情境中的正向替代行為。 |
| 1. 感到害怕，拒絕視線接觸，容易哭泣。 | 兒童可能天生較害羞 | • 在他的肩膀輕拍以示支持，這可以幫助他放輕鬆並避免失去控制。 |
| 2. 很安靜、黏人、害羞。 | 自閉症候群 | |
| 3. 冷漠、無表情、動作緩慢遲鈍。 | 虐待／受忽視 | • 透過使用沙袋、麵糰、黏土去放鬆兒童緊繃的情緒。 |
| 4. 一直吸吮大拇指、手淫、玩弄頭髮、咬指甲、反覆性行為（重複性動作）。 | 文化差異對行為之影響（英語為第二外國語／英語為同源語）自閉症候群 | • 玩木偶和裝扮遊戲也是情緒發洩的途徑。 |
| 5. 和同儕沒有互動，常獨自一人玩。 | 兒童之前缺少與他人互動的機會或是之前沒有與家人分離的經驗。 | • 玩水、玩沙、手指繪畫，和其他可以盡情揮灑的活動通常可以讓一個緊繃的孩子放鬆。 |
| 6. 缺乏自信（退縮而不 | | |

| 生理和行為特徵 | 其他可能因素 | 建議 |
|---|---|---|
| 願嘗試）。 | | • 當兒童需要時間平靜下來與重新整理情緒時，提供一個替代性環境如安靜的角落讓他去玩。 |
| 7. 異常的害怕或焦慮。 | | |
| 8. 學習上有無力感。 | **智能障礙** | |
| 9. 總是讓人覺得他很疲倦。 | | |
| 10. 能適當的表達想法與使用正確語詞，但是對於地點與對象會有選擇性（參考選擇性緘默症，第47頁）。 | **非口語的問題（說話和語言問題）** | • 不管發生什麼問題，請記得：<br>—接納他並且試著建立信任感。<br>—如果可能的話，儘量減低他受挫的機會。<br>—提供個別化的教導讓他能有成功經驗。<br>—能諒解他，但行為規範仍要堅持。<br>—盡可能讓兒童有選擇的機會（這樣能增進孩子的能力）。 |

## 極端行為特徵

| | | |
|---|---|---|
| 極端行為包括上述所有行為，同時也包含下列行為： | | —老師要提供穩定性、公正、堅定，並始終如一。 |
| 1. 自我傷害（傷害的行為）。 | **自閉症候群** | —提供作決定與獨立活動的機會，這樣可以使兒童更成熟。 |
| 2. 總是出現有意傷害別人的行為。 | | —鼓勵同儕接納和支持他。 |
| 3. 自我退縮；和別人很少互動或沒有互動。 | | —做對了事情要給予讚賞。 |
| 4. 會完全的失去自我控制並且無法保持控制力（破壞物品、丟東西、打撞東西、與事物或人對抗）。這類兒童總是無法在現實生活中有良好的適應。老師不管如何努力都無法接近他；不過偶 | | —教導如何放鬆，例如瑜珈、音樂、呼吸運動。使用搖椅一樣可以讓兒童放鬆。<br>—使用故事與戲劇扮演 |

B

B

| 極端行為特徵 | 其他可能因素 | 建議 |
|---|---|---|
| 爾他也會表現出正常行為。 | | 去教導如何表達負面與正向的情緒。可以運用一些木偶輔助。 |
| 5. 對於挫折或壓力的容忍度低。別人稍微的刺激他就可能失去自我控制。 | | 備註：假如兒童持續表現出不適當行為且已經達到超乎尋常的程度，並在基本功能出現遲緩的情形，例如語言與動作技能等方面，就必須轉介兒童接受發展評估。對兒童提供個別化的方案也是必要的做法。 |
| 6. 會自言自語；這類兒童相信自己是某種動物或想像的角色──而且這種想法是無法根除的。 | | |
| 7. 會過度恐懼或失去自我控制。 | | 備註：假如家長不接受兒童轉介的建議，老師必須和園所中的諮商師或地區兒童福利機構的工作人員諮詢，這樣可以協助老師為兒童擬訂教育計畫，同時鼓勵家長帶兒童去評估，並視情況提供個別化服務。 |
| 8. 沒有危險意識。 | 虐待／受忽視 | |
| 9. 對人或動物非常殘忍。 | | |
| 10. 表現出不符合年齡的不當性行為。 | | |
| 11. 無法區別事實與謊言──總是將責任歸咎於他人。 | | |

## 對立性反抗疾患 Oppositional Defiant Disorder（ODD）

**對立性反抗疾患**主要的特徵是持續性的反抗、對立行為。典型症狀為反覆地不服從規則、充滿敵意、倔強的，並且拒絕接受別人的建議。

對同儕與大人表現出憤怒和敵意。

對立性反抗疾患的兒童通常伴隨有注意力不足過動症／或沮喪／或焦慮情形。

B

| 生理和行為特徵 | 必問的重要問題 | 建議 |
|---|---|---|
| 典型行為包括：<br>1. 經常動怒。<br>2. 會與大人／或同儕爭辯。<br>3. 很倔強，不願意妥協。<br>4. 總是喜歡惹惱別人。<br>5. 容易被別人惹惱。<br>6. 自己做錯事會責怪他人。<br>7. 不理會團體的規則。<br>8. 充滿怨恨與反抗。<br>9. 充滿惡意，想要報復。 | 1. 兒童出現了哪些對立性反抗的行為？請家長加以描述。<br>2. 兒童第一次出現這樣的行為是在幾歲？<br>3. 兒童有接受過哪些機構或是專業人員的評估？目前家中主要的聯絡人是誰？<br>4. 父母在家中如何處置兒童行為？<br>5. 孩子之前與同儕互動的經驗如何？在與別人相處中其情緒控制情形如何？<br>6. 孩子目前有接受任何的藥物治療嗎？假如有，時間持續多久？當孩子在園所時，老師需要協助服藥嗎？ | • 兒童的家庭與就讀的園所、和專業機構間保持溝通是十分重要的。每天以聯絡簿方式和家庭保持溝通也十分重要。<br>• 兒童需要堅定、持續的與正向的規範。尤其是兒童有任何正向的行為馬上有回應是十分重要的，因為平常兒童可能因為他的憤怒或不友善的行為而得到很多負向回應。<br>• 試著去發現可以讓兒童平靜下來的方法，一旦兒童平靜下來可以交談時，試著幫助他找出可以和大人與同儕互動的新方法。<br>• 如果兒童容易受外在刺激影響，幫助兒童找出讓自己離開該情境的方法，可以尋求大人幫助 |

| 生理和行為特徵 | 必問的重要問題 | 建議 |
| --- | --- | --- |
| | | 或是找一個可以平靜的地方等。 |
| | | • 持續幫助兒童發展自我監督的技能。例如當他已經生氣了並準備要打人時，教導兒童將手放在口袋或背後，或是將注意力集中在手上並同時說「不能用手打人」。 |
| | | • 試著和兒童去設定短期與長期目標以幫助他控制較困難的行為。 |
| | | • 幫助兒童如何說出自己的感覺；坦誠他做出一些不適當行為。這表示大人必須要有接納與支持的態度，並且給予正向的建議。 |
| | | • 這類兒童很需要求正向消耗身體精力的活動。 |
| | | • 使用「社會性故事」、錄影帶、玩偶，和其他的資源來教導他適當行為。 |

## 選擇性緘默症 Elective/Selective Mutism

**選擇性緘默症**是一種兒童罕見的心理疾病，患有這種症狀的兒童擁有正常的說話能力，但對某些人或在某些場合卻說不出話來。一般相信這種情況是由於害怕或是焦慮而不知如何回應某些特定的場合所導致（例如：學校、兒童照護中心、拜訪家庭以外的人）。

選擇性緘默症的預後非常的樂觀。有時這種症狀會慢慢的消失；有些情況是症狀突然消失──兒童可能前一天不講話，隔天又很主動的講話。

最好的情況是不要過度突顯選擇性緘默症的情形，對他的態度如同他正在講話一般。對於兒童在活動中表現出來任何非語言的手勢或動作都要回應。在學校或是團體的情境中，有時候他會開始小聲的低語。周遭的人對於兒童有任何口語溝通的企圖都必須要予以回應。試著以正向增強方式回應兒童口語的溝通。

備註：有時錄下兒童在某些地方自在說話的情形是有幫助的，例如在家中的情境，然後要求他帶著錄音帶到他出現選擇性緘默症的情境中播放出來。這樣也許能幫助兒童「打破僵局」。

# NOTE

# 腦性麻痺
## CEREBRAL PALSY

**腦性麻痺**——是一種包括手臂、腿、臉和頸部等部位肌肉產生非自主性異常動作。

這種情形通常是由於腦部缺氧，導致腦部動作區受到永久性但非進行性的傷害。另外，還有其他腦部傷害的因素，例如車禍導致類似腦性麻痺的情形。腦性麻痺的傷害通常是發生在懷孕的過程中、生產前，或是生產過程的腦傷。所有症狀在兒童十八個月大時才會明顯的出現，但是這種情況是非進行性的疾病。其他在語言上、吞嚥、視力、聽力、和／或知覺也會有問題。對腦性麻痺兒童而言，便秘、呼吸道感染、癲癇發作也是較常見的症狀。

動作失調情形在睡眠中較不會明顯出現。

| 生理和行為特徵 | 基本資訊 | 建議 |
|---|---|---|
| 1. 這類兒童障礙的情形差異非常大——從極小到嚴重的問題都有；智能從發展正常到嚴重障礙情形都可能。<br><br>2. 許多腦性麻痺兒童的智能表現情形比本身實際能力差。不良的肌肉協調性與控制性會影響他說話的清晰度。<br><br>3. 身體的協調／不自主動作的問題可能發生在一處或多處肢體上，也可能發生在身體的某一邊，這種情 | 找出兒童目前正在接受什麼治療或服用什麼藥物。照顧人員必須和兒童的治療師談談，以找出可以協助兒童達到治療的方法。假如兒童是坐在輪椅上、穿（帶）著支撐架、或是使用其他的裝置，照顧人員必須知道如何調整與折疊輪椅，佩戴或移除兒童的輔具，盡可能提供他需要的任何協助。<br>為了確保融合教育的正向經驗，必須：<br>1. 確認老師與其他每天與兒童相處的同儕了 | • 園所要與其他有協助兒童的機構保持聯絡。<br><br>• 基本的目標是找出讓兒童可以參與園所中的各項活動與課程的方法。<br><br>• 盡可能豐富兒童生活上的經驗，例如和動物相處或是外出旅行。<br><br>• 參考**感覺統合失調**的建議（在**學習障礙**的單元中）。<br><br>• 雖然孩子使用支撐架或是輪椅不容易進行一些活動，但可讓兒童試著透過不同的媒材（如玩麵糰、黏土、沙子、 |

| 生理和行為特徵 | 基本資訊 | 建議 |
|---|---|---|
| 況可能會／不會影響兒童的參與活動的程度。<br><br>**有時腦性麻痺的症狀並沒有被診斷出來：**<br>**在嬰兒時期，**假如懷疑有腦性麻痺，可以注意下列情形：<br>1. 張力性姿勢。<br>2. 頭部後縮（頭部突然拉往後）。<br>3. 手部因張力影響而緊握。<br>4. 雙腳因肌肉張力而呈現僵直狀態。<br>5. 這些特徵常伴隨緊張的行為出現（也就是孩子愈興奮、生氣、緊張、張力就愈高，以上所述張力性姿勢就會愈明顯）。<br>**在大一點的兒童身上，可以注意下列的情形：**<br>1. 不良的粗大動作技巧。<br>2. 不良的精細動作技巧。<br>3. 說話有一些含糊不清。 | 解他的狀況並且對於融合情境有正向的態度。<br>2. 提前確認檢查兒童是使用支撐架或是輪椅；確認所在的環境能符合他身體上的需求（門口的寬度、教室的形狀、階梯數、戶外遊樂場的可及性等）。<br>3. 確認照護人員能照顧到兒童的各項需求——包含能將兒童抬起、緊急情況時上下樓的搬動、及戶外遊玩時間的照顧。<br>假如在嬰兒時期懷疑有腦性麻痺或是大一點的兒童尚有未被診斷出來的協調性問題，建議家長可以透過小兒科醫師檢查兒童發展的情形。 | 水、手指畫等）來學習。這類的經驗對於孩子發展精細動作很重要。<br>• 腦性麻痺的兒童很少有機會與其他的兒童互動，因此，老師必須設計一些可以讓他們一起遊玩的活動，並提供兒童們分享與輪流的概念，例如：<br>－娃娃遊戲角的機會。<br>－利用玩偶進行活動。<br>－衣服裝扮遊戲。<br>• 教師要鼓勵兒童多運用雙手——抓握、平衡、操作小的玩具或物品，例如：<br>－小的積木。<br>－配對木樁板。<br>－大型樂高積木組合玩具。<br>－熱鬧箱（箱子的六面各有不同操作性的玩具，同時配合聲光效果）。<br>－黏土、麵糰、塑膠黏土。<br>－手指畫。<br>• 考量座椅的安排讓兒童盡可能參與活動。市面上有特殊設計的椅子可 |

| 生理和行為特徵 | 基本資訊 | 建議 |
|---|---|---|
| | | 以協助兒童並且符合個別化的需求。<br>• 在戶外活動的時間，找出兒童可以參與同儕的方法讓他不覺得被孤立。這可能需要尋求專業人員（在兒童醫生的允許與支持之下）設計特殊繫帶式或類似三輪車的玩具讓兒童可以參與同儕的活動。 |

## 擴大性溝通系統 Augmentative Communication Systems

**擴大性溝通**是指除了利用口語表達或手部精細動作技巧外所運用的替代性溝通的方法。

**口語上替代性溝通包括使用以下的方式：**

• 透過實物，讓兒童了解或澄清字的意思，或讓兒童可從中作選擇的機會。

• 運用自然的姿勢，例如：身體的方向、指出來、觸摸、注視和手勢動作。

• 個人照片板（兒童的照片）。例如兒童想要到車上去，他可以去選出他正在搭車的照片來表示。

• 圖片板──兒童藉由指出圖片來表達他的意思。

• 溝通板（例如語音溝通板）。

• 圖片或物品（實際或是複製品）轉換。兒童選擇一張圖片／物品且將它交給成人以換取他想要的物品──例如兒童拿著蘋果的圖片給工作人員以獲得真正的蘋果。（圖片轉換溝通系統，PECS-Picture Exchange Communication System）。

• 用文字表達（當兒童學會並且可以用來溝通）。

• 電腦（按鍵是特別為了兒童僵硬的手指而設計）。

## 擴大性溝通系統 Augmentative Communication Systems

- 身體上的協助，如穿戴頭杖，或是可以增加手臂控制力的特製墊子。
- 電子設備，例如電腦控制的溝通設備。
- 列印的文字（有或沒有圖片皆可）。
- 圖像式的時間表，告知兒童接下來要進行的活動──例如當天活動時間表，或是兒童應該進行的活動（序列性的工作）。

**選擇符合兒童語言發展程度的替代性方法，並試著依不同程度的發展去尋找適合的方法，並且考量使用者的特別需求。下面所列的事項可以作為考量依據。**
這類兒童的

- 語言的能力──例如：很少說話或是說出來的話不容易理解。
- 認知的發展──例如：與一般人相同，比一般人差，或是有學習障礙。
- 感官輸入──例如：有視覺和／或聽覺損傷。
- 身體上的發展──例如：嘴巴、發聲器官、和／或手與指頭的動作控制力。
- 社會發展──例如：和父母、老師與同儕沒有親密互動；開始出現要吸引別人注意的行為以表達他的需求；試著去參與大人或同儕的遊戲；會向別人尋求幫助。

**需要考量的問題：**
1. 在沒有進一步訓練的情況下，工作人員、家人、同儕等人是否知道如何使用與了解替代性溝通系統？
2. 替代性溝通系統是否方便攜帶？它可以在哪些不同情境之下使用？系統是否需要複雜的或笨重的設備？
3. 替代性溝通系統是否適用？它可以讓兒童獨自與同儕溝通嗎？
4. 替代性溝通系統能讓兒童融入學校與社區中的生活嗎？
5. 替代性溝通系統能協助兒童語言運用能力的發展嗎？

**其他具有特殊需求的兒童，可能從替代性溝通系統中受益，類型包括：**
- 自閉症候群。
- 注意力缺陷。
- 胎兒酒精症候群。
- X染色體脆弱症候群。
- 聽覺障礙。
- 智能障礙。

## 擴大性溝通系統 Augmentative Communication Systems

- 鉛中毒。
- 肌肉營養不良。
- 早產兒。
- 脊柱裂。
- 說話和語言問題。
- 視覺障礙。

C

# NOTE

# 唇裂／顎裂
## CLEFT LIP AND/OR PALATE

**唇裂／顎裂**是由於嘴唇與嘴部上方硬顎／軟顎不完整合併所造成的。這種情形通常在懷孕期前的八到十週發生，在嬰兒出生時此種症狀即可被認定。

許多唇裂／顎裂是遺傳因素所引起的。婦女在懷孕之前抽煙、喝含有酒精的飲料，或攝取高單位的維他命A、攝取不足的葉酸，兒童都有極高的風險發生唇裂的情形。建議在懷孕前兩個月，婦女應該攝取足夠的葉酸，已證實葉酸能預防唇裂／顎裂的形成。

| 特定考量的事項 | 基本資訊 | 建議 |
|---|---|---|
| 兒童有唇裂／顎裂的情況會有一些特殊的需求： | 兒童矯正手術進行是階段性的。第一次的手術通常在兒童很小的時候以減少日後進食的問題。 | • 老師盡可能將唇／顎裂兒童與一般兒童一視同仁。協助他們並為同儕團體所接納。 |
| **1. 食物的攝取** | | • 假如一般兒童對於唇／顎裂的兒童有任何的意 |
| • 因為口腔無法完整的緊閉，吸吮對兒童來說通常是困難的。假如顎裂的情況有包含了軟／硬顎部分，食物可能會卡在口腔上半部或是從鼻子流出來。老師應去注意兒童這部分的特殊需求。為順利攝取液狀食物，嬰兒時期有特殊的奶嘴頭可以輔助。 | 唇裂的第一次手術通常在初生後馬上進行。整型手術在接下來幾個月後進行。唇裂的整型手術通常有不錯的效果。 | 見，老師需要解釋每個人的外表與行為都是不同的。有些人跑得快，有些人腦筋動得快，有些人說話比較清楚。更重要的是強調人們相似的地方，我們大家都有兩個眼睛、一個鼻子、一個嘴巴和兩隻手臂。 |
| • 唇顎裂手術能改善兒童的上顎與口腔的頂部接合的情形。這樣也能改善餵食的情形。 | 顎裂第一次手術通常是兒童在六至十二個月大時進行。假如太晚實施此類手術，將會對嬰兒產生永久性說話傷害（鼻音品質）。<br><br>和兒童的醫師聯絡以獲取 | • 假如外表的問題沒有困擾兒童，教師就不需勉強去討論上述的話題。<br>• 確認兒童的語言治療師 |

| 特定考量的事項 | 基本資訊 | 建議 |
|---|---|---|
| **2. 健康** | 相關資訊。 | 並且詢問是否有任何語言支持性活動可以在班級課程中實施。 |

**2. 健康**

* 經常會有嚴重或持續性的中耳感染。
* 務必了解園所如何預防感染或如何知道兒童是否被感染。

**3. 牙齒**

* 牙齒／口腔上顎是需要經常檢查。園所的老師必須要知道檢查口腔時需要哪些特別的配合。

**4. 說話**

* 這類型的兒童在說話上的發展是較困難的。通常由語言病理學家進行評估後，兒童接受個別化的語言治療課程，並在家裡與學校的日常生活中配合練習。

**5. 聲音的品質**

* 由於上顎發展畸形，聲音通常聽起來有鼻音；聲調可能會太低、太高或太大聲。語言治療師可以幫助兒童調整說話的音質。

**6. 住院治療**

* 因為需要反覆性的手術以修復唇／顎裂，或是進行牙科手術更換牙齒，因此，這類兒童可能經常有住院治療的經

**基本資訊**

家長必須讓所有園所工作人員事先知道兒童已預約牙齒治療或是額外的手術。這樣可以讓園所老師確認在這段期間是否需要給兒童多一些情感上的支持。

**說話和語言問題**
**行為／社會／情緒問題**

**建議**

* 並且詢問是否有任何語言支持性活動可以在班級課程中實施。
* 在學校環境中，即使是語言治療時段也不要將兒童隔離。
* 假如沒有專業人員介入服務，請確認所有工作人員和兒童共處的時間都有專業的引導作為依據。
* 給予兒童機會討論他的感覺、上醫院的經驗和其他所關心的事。除非他有興趣，否則不要給兒童太大的壓力強迫他與同儕分享他的經驗。
* 設立一個類似醫師辦公室或醫院角落的遊戲區，讓兒童釋放他的焦慮與經驗。

| 特定考量的事項 | 基本資訊 | 建議 |
|---|---|---|
| 驗。園所的老師要了解因為此種情況而引發兒童特殊的情緒狀況或社交互動的需求。 | | |

C

# 文化差異對行為之影響（英語為第二外國語／英語為同源語）
# CULTURAL INFLUENCES ON BEHAVIOR as well as ENGLISH AS A SECOND LANGUAGE/ENGLISH WITH A DIALECT

（本單元主要在說明移民至美國、加拿大的新住民，在生理、社會／行為、語言學習上衍生的問題。因國情不同，有些說明可能不適用，敬請斟酌參考。）

當我們著眼於**因文化差異而受到影響的行為**時，有一些情況是需要納入考慮的：

- 家庭移居到新環境的時間有多久。
- 在移民的過程中，家庭所遭受到的精神創傷（例如曾住在難民營）的程度。
- 父母是否能理解或／和會說英語。
- 兒童是否能理解或／和會說英語。
- 兒童是否一直都和父母同住，或是之前是由祖父母、親戚或其他家鄉國的人撫養，最近才回到父母身邊。
- 兒童先前的就學經驗——兒童是否曾正式就學過。
- 家庭目前所面臨的壓力與困境的程度，這包括：經濟上的需求、居住環境擁擠，以及適應新環境所產生的問題（包含對氣候條件不習慣）。
- 在新移居國和家鄉國之間看待男／女性角色的差異。
- 食物、居住、就醫習慣、習俗、宗教信仰、特殊節慶等等，都會對行為產生衝擊。

這些改變對於不同的兒童和不同的文化背景所帶來的影響，會有極大的差異。有些兒童能在短時間內在一個新的學習環境中適應得宜；有些兒童則在適應上有很大的困難。

| 生理狀態 | 其他可能因素 | 建議 |
|---|---|---|
| 兒童可能會： | 不受文化影響的醫療問題，包括： | • 避免讓兒童處在寒冷、潮濕或暴露在極端氣溫的環境中。 |
| 1. 經常生病，特別是上呼吸道感染。 | 氣喘 | |
| 2. 體重突然變輕。 | 扁桃腺和腺狀腫感染 | • 鼓勵兒童接受醫療檢查，並遵循醫師的建議。 |
| 3. 容易表現出疲累。 | 囊胞性纖維症 | |
| 4. 顯得畏縮或沮喪。 | 糖尿病 | |
| 5. 在背部和臀部會有藍色印記，這在來自亞洲的學齡前幼兒較常見，稱為「蒙古斑」（Mongolian Spots）。這種藍色記號會一直存在，並不會像瘀青一樣會逐漸退掉，所以不會痛也不會腫。 | 營養不良<br>虐待／受忽視<br>白血病<br>虐待／受忽視<br>過敏症和食物不耐症 | • 允許兒童有足夠的時間休息，或是從團體中暫時退離（家中的情形可能過度擁擠、吵雜或是太安靜）。<br><br>• 當兒童感覺不舒服時，不要強迫他有互動或是要專心。<br><br>• 減少兒童受虐或被漠視的可能性。 |
| 6. 在頸部有刮痕，這種情況通常會在來自越南及其他東南亞國家的兒童身上看見。這是一種習俗稱為「刮痧」，當兒童生病時，父母會用湯匙刮兒童的肩部區域，確信這樣會把身上的「惡氣」刮掉，讓兒童恢復健康。 | 昆蟲叮咬、蕁麻疹會讓皮膚發癢，導致兒童搔抓身體。 | • 試著了解兒童所處的文化之相關習俗／傳統。邀請家長參加非正式的座談，鼓勵家長說明及分享他們的習俗／傳統。<br><br>• 接納個別和／或文化的差異，幫助兒童發展出成功的社交技巧（合宜的手勢、關鍵字詞）。 |
| 7. 有時在肩膀周圍有月牙形的烙印，這也是要把兒童身上毒害的風驅離的做法。 | | • 試著以接納的態度與父母互動。舉例來說，不要反應過度或是告訴父母別把兒童的頭髮剃掉等。 |
| 8. 將頭髮全部剃掉。許多國家的文化相信這 | 兒童若有頭蝨，也會把頭髮剃掉。 | • 彈性看待不同尺度的標 |

| 生理狀態 | 其他可能因素 | 建議 |
|---|---|---|
| 樣做可以讓兒童的頭髮長得更茂密。 9. 似乎受到忽視——例如：尿片不常更換、沒有洗澡等等。這些可能是父母壓力和文化衝擊的結果，特別是如果這個家庭原本有傭人但現在沒有，或是沒有使用過現代化的清洗設備——不知道如何使用或操作洗衣機等等。 10. 穿著不適當。有些國家是沒有中央系統暖氣的設備，或是新環境的氣候條件和母國迥然不同，因此兒童對於室內／室外的穿著缺乏適當概念，他們可能會穿得太多，或是沒有穿襪子或內衣，這也通常反映出他們的父母對於基本穿著的樣式不熟悉。 11. 缺乏牙齒保健／醫療的照顧。特別是來自非洲／亞洲的兒童，容易對牛奶產生不適應，因此他們較容易缺乏鈣質。在難民營的兒童也可能因為長 | 家中或許缺乏適用的尿片或是合宜的衣服。 **虐待／受忽視** 父母可能不知道幼兒需要牙齒保健，以及有哪些管道可運用牙齒保健相關資源。 食物不足或已有一段時間缺乏飲食。 不健全的牙齒來自遺傳。 | 準，唯有在嚴重傷害到兒童本身或其他人時就要加以干涉。 • 鼓勵父母允許兒童帶喜愛的玩具、家庭照、影帶、有關於家鄉國的圖片書等，到學校分享。 • 如果有其他同儕嘲笑兒童，要試著與這些兒童解釋文化上的差異，例如：為什麼兒童的穿著和他們不一樣、他帶來的食物為什麼看起來奇怪。 • 和父母同心協力，試著一次只改變一件事，以對孩子和學校而言最棘手的問題為優先考慮。 • 為全體兒童規劃衛教宣導示範活動——例如：刷牙、梳頭髮、如廁後要洗手等等。 • 向家長個別說明衣服穿著的方式，並加以展示實例，記得要隨機應變掌握彈性。 • 可以為資源有限的家庭舉辦舊衣交換的活動。 • 以接納的態度來看待受文化影響的衛生習慣，有彈性的接受不同的標準，唯有在兒童的健康 |

| 生理狀態 | 其他可能因素 | 建議 |
|---|---|---|
| 時間營養不良,而影響牙齒的生長。 | | 亮紅燈或是違反公共健康的規範時要加以干預。 |
| | | • 如果兒童太多蛀牙,教師及相關人員要試著去增加衛生保健的知識,多去了解哪些食物富含鈣質,同時多接納兒童本身的文化,試著去得到兒童的母語版本的營養手冊。 |
| **社會/情緒行為** | | |
| 兒童可能會: | | • 將牙齒保健列入學校平日活動規劃中,並考慮邀請牙醫師或牙齒保健專家協助規劃。 |
| 1. 和父母分離表現出極度的焦慮——身體顫抖、嘔吐、窒息、傷害/打自己或別人、姿態緊繃或是活動力差。 | 行為/社會/情緒問題 | |
| 2. 表現出強度較低但是近乎失控的尖叫、踢腳、扔擲東西、搥打、哭泣,或是極度地消極(退縮)等行為。 | 行為/社會/情緒問題〔對立性反抗疾患(ODD)〕 | • 在兒童剛開始入學時,鼓勵兒童父母其中一位陪讀幾天,採取逐步離開的方式,要告知兒童,家長何時要離開、何時會再回來。家長第一次離開的時間通常只能10分鐘,最多30分鐘,回來時要知會兒童好讓他放心。當家長要離開之前,要一再地給予兒童支持,例如:「媽媽會在你吃完點心後回來」並以手比出時間或是指著圖示的功課表,讓兒童知道媽媽什麼時候會回來。 |
| 3. 對於驚嚇或打擊,顯得抑鬱、消極、不太回應,或是反應延遲。 | 聽覺障礙 | |
| 4. 缺乏口說英語的理解能力,並且缺乏去聽或說英語的意圖。 | 說話和語言問題 | |
| 5. 喜歡獨自玩,避免和人有眼神接觸。 | 自閉症候群 | |
| 6. 情緒的表現多變化,例如:很愛發表意見、不受控制、或是 | 創傷後壓力疾患 | |

| 社會／情緒行為 | 其他可能因素 | 建議 |
|---|---|---|
| 非常畏縮。 | 兒童在過去可能經歷過某些創傷——死亡或是被迫離開自己所在乎的人。兒童會因為過於緊張而無法玩、聽，或是參與。 | • 了解兒童是否有哥哥姐姐同在學校內，當兒童有需要時，可以安排一個短暫的時間和他（她）會面。 |
| 7. 較難與老師和同儕建立親近的關係。 | | |
| 8. 變得只依賴某位特定老師；經常需要被擁抱；會粗暴地拒絕其他的大人和兒童。 | | • 當兒童初入學時，允許家長帶家裡的食物給他吃。 |
| 9. 在一個空間內只會待在固定區域，很少主動參與遊戲。 | 兒童可能在此空間內沒有玩過玩具和使用其他設備的經驗。所提供的食物兒童可能覺得奇怪或沒吃過。 | • 當兒童不了解學校所使用的語言時，和父母分開的過程會很痛苦，並且會持續較長的時間來適應。 |
| 10. 排拒學校的食物、衣服、玩具等等。 | | |
| 11. 對於例行活動、空間擺設、出外踏青、人員方面的改變，會有強烈的反應。 | **自閉症候群**<br>兒童可能經常搬家，而被迫要和已建立依附關係的人分開。<br>缺乏經驗 | • 建議家長可以留下兒童熟悉的物品，像是手套、圍巾，或是一些屬於父母的東西。 |
| 12. 缺乏生活自理能力的技巧，諸如：進食、如廁、穿衣等方面，會希望有大人能協助他完成。 | | • 兒童家人、寵物等等的照片對兒童的適應同樣有幫助。 |
| 13. 缺乏接觸過一些特定的設施或玩具的經驗，例如：攀爬設施、三輪車、拼圖、樂透遊戲和其他配對性的遊戲（似乎有發展遲緩的現象）。 | **智能障礙** | • 當兒童表現出沮喪或驚嚇時，他可能需要大人或是手足更多身體上的接觸，幫助他安定下來。 |
| 14. 宗教上或文化上的習慣可能會限制兒童參與某些特定的活動。 | | • 在兒童可接受的範圍內，與兒童建立關係／身體接觸。如果兒童拒絕或是不喜歡被碰觸，要馬上離開並用溫和的語調安撫他。留意兒童用什麼聲調來表示不喜 |

| 說話和語言特性 | 其他可能因素 | 建議 |
|---|---|---|
| 以英語為第二外國語的兒童可能會有以下附加的特性。<br><br>兒童可能會：<br>1. 只和他人用母語交談，並且認為他們都能了解他的母語。<br>2. 沒有反應，因為不知道自己名字的英語發音，或者是說話者的音調和自己說話的方式不同。<br>3. 仿說他人所說的話（不去理解）。<br>4. 本身不說英語，但是卻大多能理解他人用英語所說的內容。這種情況會持續數月後他才會開始開口說英語。<br>5. 運用非口語的手勢多於開口說話。<br>6. 對於母語所沒有的發音會有困難，這樣的情況會持續數年。<br>7. 即使用母語和陌生的成人或兒童說話也會覺得不自在。同源語的情況則又不同。 | 自閉症候群 | 歡、不喜歡怎麼樣的碰觸，並根據這些來調整做法。<br>• 大量運用非口語的表達方式。<br>• 靠近兒童，並試著透過玩具和他互動。<br>• 以英語示範合宜、簡單的字詞，並運用前後一致的描述性字詞──例如：不要這次說「把門帶上」（shut the door），下次換說成「關上門」（close the door）。<br>• 如果老師不懂兒童的母語，可以用兒童了解的手勢來代替說明。<br>• 以手勢來輔助說明字詞的意義，或是運用其他擴大性溝通方法（請參閱**腦性麻痺：擴大性溝通系統**）<br>• 運用遊戲鼓勵兒童以手勢來溝通。<br>• 可以進行玩聲音的活動，像是動物或物品的聲音。在進行唱遊活動時，鼓勵兒童參與，但是不要強迫他。<br>• 向兒童示範有用的肢體語言。 |

| 社會適應行為 | 其他可能因素 | 建議 |
|---|---|---|
| 以英語為第二外國語的兒童可能會有以下附加的特性。<br><br>兒童可能會：<br><br>1. 避免與人接觸、缺乏自信、消極，或是過於堅持己見。<br><br>2. 無法有效地與人溝通，會避免和同儕有眼神的、身體上的和口頭的接觸。<br><br>3. 恍神或作白日夢，特別是在文字呈現過多、少有視覺線索的情況下會發生這種情形。<br><br>4. 很難理解幽默。<br><br>5. 對於老師的指示、指導或規範沒有回應。<br><br>6. 對英語的理解時好時壞，疲倦、生病、情緒低落、和說話者的關係、說話者的腔調和風格等都會影響理解的程度。<br><br>7. 換一位新老師或是在環境上有改變，會造成語言上的退步。<br><br>8. 和認識的同儕或某位老師說話才會感到自在。<br><br>9. 當別人不了解自己所 | 兒童可能缺乏機會學習社交技巧，或是已習得不同的社交技巧模式。<br>**自閉症候群**<br><br><br><br><br><br><br><br>**聽覺障礙**<br><br><br><br>**行為／社會／情緒問題**<br><br><br>**聽覺障礙**<br>**說話和語言問題** | • 要示範單字或短語的用法，並適時加入手勢使意思更加清楚。要認識一個新字的意義，學習的過程是需要經常的接觸，並且需要較多的時間才能學會。<br><br>• 如果兒童很在意面對新的人或情境，多運用手勢以降低語言的用量。<br><br>• 兒童的課程設計儘量只安排一至二位老師來負責，並且逐步幫助兒童發展遊戲技巧，以及與其他兒童建立互動的模式。當兒童的表現更穩定時，老師可以漸漸放手，並將責任分攤給其他的老師們。<br><br>• 工作人員務必跟隨兒童的步調，勿操之過急。平穩的步調應能幫助兒童更快地安定下來。<br><br>• 詢問父母，找出兒童喜愛的玩具、食物和遊戲，並將他們納入課程規劃中。<br><br>• 在父母的協助下，將具有兒童家鄉味的東西，諸如：照片、書本、物品、衣服等納入課程中。 |

C

| 社會適應行為 | 其他可能因素 | 建議 |
|---|---|---|
| 說的話時，會特別容易受挫。<br><br>10. 在玩的時候會用母語與人交談，特別是如果別人也使用與自己相同的母語時。<br><br>備註：英語為同源語的兒童，有時會對於標準用法理解困難，而別人對於他們所說的內容也難以了解。 | | • 以兒童喜愛的玩具和活動為基本組成，並逐漸加入其他玩具和活動來擴展兒童的適應力。<br><br>• 示範玩具的玩法，並允許兒童觀察其他人如何使用自己不熟悉的設備。<br><br>• 挪出時間讓兒童觀察其他人，若是覺得恰當，幫助他加入遊戲行列。<br><br>• 老師需扮演兒童與其他人互動之間的媒介，協助建立遊戲時與人首次的互動方式、介紹性語詞和行動，以期能協助示範一些重要的社會互動技能，像是「換我了」、「我可以一起玩嗎？」。<br><br>• 當兒童用手比劃出來時，若有必要，向兒童示範說出正確的字詞；當兒童能說出這個字詞時，在您接下來的說明中要示範出正確的發音。<br><br>• 別把焦點放在兒童的錯誤上，或是用任何方法把他突顯出來。多用正向的語句來讚美，將能增進兒童的自信。 |
| | **基本資訊**<br><br>1. 兒童開始學習英語時，並不會遺忘自己第一次學到的語言，也就是母語。母語將兒童與父母、其他家庭成員和朋友的關係聯繫在一起，這種彼此之間的聯繫關係對於兒童日後在社會及情緒上的發展非常重要。<br><br>2. 已有證據顯示，兒童在母語學習與使用上若已有良好的發展，學習英語會更有成效，因為他的大腦一直在學習語言的用法、如何運作、如何建構，在大腦中所形 | |

| 社會適應行為 | 基本資訊 | 建議 |
|---|---|---|
| | 成的架構讓兒童輕易地學習另一種語言。<br><br>3. 為要更有效的思考，語言是不可或缺的。當我們試著讓兒童減少使用家中所說的母語時，我們也正在延誤他在思考上的發展。因此，當我們在引導兒童學習英語時，必須同時支持他在母語運用上的精進，特別是在傳遞個人需要和需求的語詞方面。<br><br>4. 學校能尊重且學習去了解兒童原生的傳統及文化價值觀是很重要的。教師可以試著將兒童原來的文化納入活動及教學素材中，並鼓勵兒童的父母為此課程規劃提供相關知識及資訊——例如：圖片、文學作品、影帶、電視節目、音樂、舞蹈等等。<br><br>5. 請兒童的父母指導老師兒童名字的正確發音，以及日常用語的說法，包括：爸爸和 | • 與一至二位兒童進行首次的互動會比較容易，試著運用能促進互動的活動，同時老師也需參與其中，示範合宜的行為。<br><br>• 有時候在團體中會有一或二位兒童是具有較高的接納度和發展良好的社交技巧。可以和這類兒童先有互動，建立成功的開始。<br><br>• 試著發展可以和同儕之間相互溝通的遊戲和活動，活動的進行只會用到簡單且重複的語句；若有必要，老師可以加入遊戲行列，然後逐步地從互動過程中撤離。<br><br>• 可以創作出含有困難發音的韻文、歌曲和遊戲的團體活動，以非強制的方式鼓勵兒童參與。<br><br>• 切勿嘲笑兒童，但是當兒童察覺到有好笑的事物時，和他一起大笑！<br><br>• 如果部分兒童有相同的母語，允許他們在一起遊戲時可以使用母語。一旦兒童表現較穩定時，要逐漸創造一些情境，讓兒童認同其他以 |

| 社會適應行為 | 基本資訊 | 建議 |
|---|---|---|
| | 媽媽、兄弟姊妹、祖父母、家裡其他成員、浴室、喜愛的食物等等。<br><br>6. 如果校內有人員會說兒童的母語,請此人員儘量多參與兒童所處團體的活動,如此更能幫助兒童安然度過適應階段。 | 英語為母語的兒童為夥伴。<br><br>• 別告訴兒童不准說母語,但是另一方面,要盡可能鼓勵他使用英語。<br><br>• 不要強迫兒童吃學校的食物,試著找出兒童喜愛/討厭的食物,並試著將他喜愛的食物納入學校菜單中。<br><br>• 如果有人事異動,新接班的老師不要急著和兒童打好關係,關係需逐步建立,可以從微笑、提供熟悉的玩具或喜愛的食物開始。<br><br>• 降低期望。提供兒童較低年紀玩的玩具和較簡單的設備。<br><br>• 將兒童需運用到生活自理技巧的工作分解成容易執行的小步驟,以降低兒童的壓力,並更快學會生活自理技巧。<br><br>• 如果兒童生病、心情低落、沮喪時,應進行說話機會較少的活動。<br><br>**在學校的課程規劃**<br>• 提供兒童容易操控的玩具,並且具有立即性的 |

| 社會適應行為 | 基本資訊 | 建議 |
|---|---|---|
| | | 增強——例如：音樂盒、驚奇玩偶匣。假使兒童會使用電腦，運用電腦或許會是一個極佳的開始。 |

- 鼓勵兒童嘗試他能容易上手的材料，例如：書本、玩偶、堆積木、汽車、卡車等。
- 一旦兒童入學一至二個月後，記下兒童有哪些方面需要特別協助，並試著規劃能培養兒童所需技能及示範正確動作的課程。
- 試著在小團體中協助兒童，並在物品上標示名稱，貼出一些關於動作標語、觀念等，例如：數字、顏色、大小、形狀等等。
- 運用圖片和玩偶來呈現各式各樣的情緒表現，同時幫助兒童歸類不同的情緒。
- 當室內的擺設有所變動時，試著讓兒童在場甚至參與擺設，務必讓他看到他喜愛的活動或玩具搬移後的位置。
- 課程中納入多元文化的圖書資料或文學作品，

C

| 社會適應行為 | 基本資訊 | 建議 |
| --- | --- | --- |
| | | 兒童需要看到自己家鄉國的文化是受到重視的。<br>• 當兒童之間出現溝通上的困難——試著居中調停、澄清、解釋，並提供視覺上的提示。 |

C

# 脊椎彎曲
## CURVATURE OF THE SPINE

**脊椎彎曲**的成因可能是先天的（骨骼缺陷所引起）、家族遺傳，或是在三歲前（有時更年長）脊椎受傷所造成，發生在女性的機率多於男性。

脊椎彎曲有四種類型，在幼年時期特別顯著：脊椎側彎（scoliosis）、脊椎前彎（lordosis）、脊椎後彎（kyphosis），以及先天性脊椎異常（congenital abnormalities of the spine）。

**脊椎側彎**是因為脊椎骨異常的側向旋轉彎曲所造成的畸形。脊椎側彎發生在幼年時期或是青少年時期，隨著骨骼逐漸發展完全，彎曲的狀況會愈來愈明顯，以女性較為常見。

**脊椎前彎**是脊椎有顯著異常的彎曲（背部凹陷），明顯的症狀包括背脊異常凹陷以及臀部明顯突出。

**脊椎後彎**是胸椎部位（脊椎上端）過度突出導致明顯駝背的外在特徵。

**先天性脊椎異常**會被發覺，通常是先發現在肩部或臀部的一邊高於另外一邊，或是雙腿長短不一，身體全面的體態都會因此受到影響。

| 生理和行為特徵 | 其他可能因素 | 建議 |
| --- | --- | --- |
| 相關症狀包含：<br>1. 任何形式的脊椎彎曲——背脊凹陷、垂直的體態呈現歪斜、臀部顯著突出，或是脊椎上端顯著突出。<br>2. 不正常的站姿。 | **肌肉萎縮症**導致脊椎或腿部肌肉無力。<br><br>*備註：年幼的兒童常會有腹部突出的現象，造成背部看起來凹陷。然而隨著年紀的增長，身體的姿態會逐漸挺直。* | • 監控並記錄任何有關發展上的遲緩現象。<br>• 建議讓兒童接受醫療評估。早期發現，期能避免兒童的脊椎彎曲問題造成長期的困難。<br>• 如果醫生有建議兒童從事任何的運動或活動，學校人員應參考並試著 |

| 生理和行為特徵 | 其他可能因素 | 建議 |
| --- | --- | --- |
| 3. 走路或跑步時有不正常的步態。<br>4. 在粗大動作活動方面的平衡感與協調性差。<br>5. 肩部或臀部的一邊明顯高於另外一邊。<br>6. 一條腿比另一條腿短。<br>7. 身體姿態不良。<br>8. 體重過重（導致背部彎曲來負荷重量）。<br>9. 常抱怨背痛。<br>10. 胸腔變形。<br>11. 腹肌無力。 | **視覺障礙**<br>**聽覺障礙**<br>不正常的姿態有時與視覺和聽覺疾患有關，兒童若是某一邊有缺陷，其肢體動作則會多偏用功能正常的一邊。<br><br>多留意足部的定位──兒童會用腳尖來行走或奔跑嗎？<br><br>**智能障礙（X染色體脆弱症候群）** | 規劃出一些有趣的遊戲，融入平日的課程中，讓每個兒童都能全面參與。<br><br>備註：要確定父母能事前通知校方兒童即將接受的醫療程序，如：打石膏、使用支架等，以便讓老師能提早安排課程，幫助兒童輕鬆認知相關醫療經驗：運用書籍介紹、洋娃娃或布偶模擬醫療過程、並運用相關醫療用具在團體遊戲中。 |

C

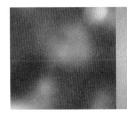

# 囊胞性纖維症
## CYSTIC FIBROSIS

**囊胞性纖維症**是一種遺傳的慢性失調，會導致嚴重的呼吸系統及消化系統的問題。囊胞性纖維症會讓肺部及胰臟分泌厚厚的黏液，使得呼吸道阻塞，大大降低鼻子和肺部的功能，消化系統和汗腺組織也會受到影響。

罹患此症的兒童狀況因人而異，因此，進一步了解此症病徵的廣度及嚴重程度是很重要的。

囊胞性纖維症是一出生就能發現的由基因引起的疾病，最常發生的族群為北歐或中歐的白種人後裔。

| 生理特徵 | 其他可能因素 | 建議 |
| --- | --- | --- |
| 這類兒童可能有： | *備註：其他可能的病因也會在醫療檢查中診察出相似的症狀。* | • 如果嬰幼兒進入園所時未曾接受診斷而呈現出這些特性，請家長務必安排醫療評估。 |
| 1. 持續的咳嗽，經常有大量的黏稠分泌物。 | 格魯布性喉頭炎（croup） | • 務必和兒童的醫師確認兒童在活動上的限制、用藥的方式等等。 |
| 2. 呼吸有雜音。 | **過敏症** | |
| 3. 經常性呼吸道感染（肺部、鼻竇）。 | **氣喘** | • 和兒童的醫師以及任何相關的支持性機構建立暢通的溝通管道是很重要的。 |
| 4. 嘔吐時會伴隨有透明黏液。 | 肺炎 | |
| 5. 異常的飢餓。 | | |
| 6. 體重下降或是很難從食物中吸收養分而無法增重。 | | • 運用有創意的方法，讓兒童能參與所有的遊戲和活動（即使他無法積極地參與）——例如： |
| 7. 生長速度遲緩。 | **生長遲滯** | |
| 8. 肌肉無力。 | | |
| 9. 缺乏持續運動的能力。 | | 讓兒童當戶外運動／比賽的計分員、幫忙分發 |
| 10. 容易顯得無精打采。 | | |

| 生理特徵 | 其他可能因素 | 建議 |
| --- | --- | --- |
| 11. 腹痛／肚子顯得特別大。<br>12. 皮膚有鹹味。<br>13. 排便有很濃的臭味。<br>備註：通常兒童進入園所之前已經被診斷出來。因此，當兒童進入就學時，有一些問題務必要提出來。 | 穀膠過敏症<br><br>引發消化問題的其他症狀。 | 裝備、補給品等等。<br>• 如果兒童需要有一段放鬆的時間，要準備兒童也能參與的替代性活動及課程。<br>• 保持接納的態度，儘量將兒童視為正常兒童，接受團體相同的規範，或許他不必別人提醒什麼該做、什麼不該做。<br>• 請記住，在融合的情境中，幫助兒童在同儕團體中成為積極能參與的一員是主要目標。罹患囊胞性纖維症的兒童，由於受到病情影響，先前的經驗和生理上的限制導致在社會／情緒上出現問題，需要協助。 |

| 必問的重要問題 | 基本資訊 | |
| --- | --- | --- |
| 1. 目前正在使用的治療方法是什麼——噴霧、呼吸訓練、按摩？<br>2. 目前兒童正在服用的藥物和營養補充品是什麼？需要多少劑量？多久服用一次？服用藥物的數量是多少？<br>3. 兒童是否可以不必協助而自行服藥？<br>4. 兒童在校時間是否需要進行治療？如果是，需要事先作哪些安排？以及有哪些環境上的調整是必要的？<br>5. 如果兒童需要排出黏液（吐痰、擤鼻涕），他是否知道要利用衛 | 兒童可能會有環境上／生理上的需要，因此考量園所內是否有因應的設備可以提供兒童有效的課程規劃是很重要的。<br><br>環境上可能要因應調整：<br>• 室內是否有必要設置增濕器？<br>• 是否有成人能全天候監督兒童服藥的情形？<br>• 如何能在濕冷的天氣，讓兒童舒適地留在室內？<br>• 如果兒童的程度無法跟得上活動的進行，人員如何調整課程或提出替代性活動來因應兒童的程度？<br>• 在炎熱的天氣下是否能 | • 和兒童的家庭保持聯繫，並和家長分享觀察紀錄及相關資訊是很重要的。<br>• 衡量氣候因素及兒童的健康條件，找出哪些時間是他可以積極參與的，哪些時間是較受限的。 |

| 必問的重要問題 | 基本資訊 | 建議 |
|---|---|---|
| 生紙，並且能丟棄在合適的地方？<br><br>6. 是否有任何飲食上的特定需求？<br><br>7. 是否有特定的預防措施來防止兒童受感染？<br><br>8. 當兒童在發脾氣時，是否會出現心臟方面的症狀／相關併發症？<br><br>9. 兒童可參與體能活動的程度如何？有任何限制嗎？<br><br>10. 目前有哪些機構、醫師或其他專業人員提供兒童醫療相關服務？是否有專業人員協助校方了解兒童並協助規劃相關課程？ | 減少活動？<br><br>• 如果出現緊急狀況，是否有安排人員及時應付？<br><br>• 有哪些政府單位或相關機構可以提供額外的生理上和／或財務上的支援、人員特定的訓練，以及提供相關的支援來協助園所調整環境以符合兒童的特殊需求？ | |

# NOTE

C

# 糖尿病（兒童糖尿病）
## DIABETES（Juvenile Diabetes）

　　**兒童糖尿病**是一種新陳代謝失調的慢性病症，起因於身體無法分泌胰島素或是胰島素分泌不足。胰島素是一種由胰臟分泌的激素，能有效地處理食物中的糖分，若缺乏足夠的胰島素會導致過多的葡萄糖（血糖）留在血液當中，而無法進入身體細胞內正常地被吸收、利用，造成血液及尿液中留有高濃度的葡萄糖。胰島素的補充——在特定的時間給予胰島素以補不足（例如以注射或植入的方式）——只要病症被確認，通常是必須的。

　　**第一型**糖尿病多發生在兒童或青少年時期，之前沒有任何症狀的健康兒童，會突然發作是此型的特徵。

　　即使發病原因未明，遺傳因素（家族其他成員有病史）還是占大多數。

*預後：現在，醫學尚無徹底治癒的方法，胰島素治療、飲食控制、藥物，以及適量的運動，對於此病症的管理與控制都有幫助。糖尿病若是未受到良好的控制，會導致其他嚴重影響健康的狀況，包括：心臟病、腎衰竭、癲癇發作、失明，以及循環問題。*

| 生理和行為特徵 | 其他可能因素 | 建議 |
| --- | --- | --- |
| 這類兒童可能：<br>1. 臉色蒼白或／和瘦弱。<br>2. 食慾異常的增加和容易口渴。<br>3. 體重突然減輕。<br>4. 無精打采，容易感到疲勞。<br>5. 頻尿。<br>6. 感到暈眩、想睡，有時甚至會失去知覺。<br><br>**兒童可能在進入園所就讀前就已經被診斷出來。** | 在左列所寫出的任一生理和／或行為特徵，也可能是身體受到感染或是體內化學不平衡的緣故。<br><br>當一連串的特徵皆指向左列各項內容時，我們就可以合理懷疑是否為糖尿病，特別是還發生急發作的狀況（在幾星期內）。 | • 持續記錄兒童任何的行為或症狀，同時高度留意可能引發相關症狀的活動或情境。當您寫出一份觀察紀錄時，務必加入日期、時間及行為與情境的詳細情形，並簽寫老師的姓名，若需進一步資料時，能便於聯繫。<br>• 如果兒童尚未被確認有糖尿病，而園所人員察覺到他突然間有明顯的相關症 |

| 必問的重要問題 | 其他可能因素 | 建議 |
|---|---|---|
| 1. 兒童是否有接受特定的飲食控制？<br>2. 目前兒童是否有補充胰島素？如果是，<br>　• 多久提供一次？<br>　• 何時提供？<br>　• 誰來提供？<br>3. 如果發生胰島素反應（低血糖），該採取哪些步驟？<br>4. 兒童的尿液是否需要檢驗？如果是，<br>　• 多久驗一次？<br>　• 由誰來檢驗？<br>5.如果疑似發生胰島素反應，有哪些特定的水果、果汁、糖果或甜點是兒童慣於食用的？ |  | 狀出現時，務必立即通知家長，並建議他們儘快帶兒童就醫，進行必要的檢驗與評估。<br>• 被診斷有糖尿病的兒童建議戴上有醫療警示的手環（medic alert bracelet）。<br>• 確認兒童已吃過早餐是非常重要的。<br>• 如果用餐時間會延後，或是全班去戶外教學，務必要先提供兒童一些點心。<br>• 當活動是在室外或是郊遊等非室內活動時，務必準備糖分補充品以隨時備用。<br>• 糖分補充的來源盡可能是兒童所熟悉的食物或管道。<br>• 鼓勵兒童參與一般性的活動，但是在活動進行時，請避免兒童運動過度，要控管其體力消耗量。<br>• 維持食物攝取、運動及藥物治療之間的平衡是很重要的。<br>• 在取得家長許可下，園所應該可以針對兒童的健康管理指導原則，向兒童的醫師進行諮詢請教。 |

D

| 重要資訊 | 基本資訊 | 建議 |
|---|---|---|
| **胰島素反應（低血糖症）**<br>**Insulin Reaction**<br>**(Hypoglycemia)**<br>如果兒童補充過多的胰島素、身體吸收胰島素過快（或許是運動過量所造成）、或是熱量的攝取不充足，就會發生胰島素反應。 | **胰島素反應的前期症狀**<br>• 顫抖<br>• 盜汗<br>• 虛弱<br>• 暈眩<br>• 瞳孔放大<br>• 麻木感<br>• 異常步態<br>• 怪異行為<br>• 心神不寧<br>• 皮膚蒼白<br><br>**胰島素反應的後期症狀**<br>• 意識不清<br>• 全身痙攣 | **對於胰島素反應的建議**<br>如果兒童疑似發生胰島素反應，應立即給與含糖的東西——果汁、方糖或是糖果，此舉並不會傷害到兒童，還可能避免引發更嚴重的反應。<br><br>如果兒童在攝取糖分，經過幾分鐘後尚未獲得改善時，務必馬上將他送醫。<br><br>如果已出現後期的症狀，兒童要立即送醫治療。 |

D

# NOTE

D

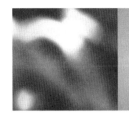

# 癲癇
## EPILEPSY

**癲癇**不是疾病，它是由於大腦功能失調導致週期性發作，是一種結構或化學失調所產生的臨床症狀，大腦會偶爾產生瞬間放電的現象，之後就產生發作。癲癇依發作的強度分成許多不同的性質和程度，一般影響兒童最主要的發作類型有兩種：**全身性僵直陣攣型發作**（Tonic-clonic）（舊稱癲癇大發作）和**失神性發作**（Absence Seizures）（舊稱癲癇小發作）。失神性的發作經常是沒有先兆，默默進行，學前或國小老師可能是第一位察覺到兒童有這方面失調現象的人。

癲癇的發作可以說是侷限在腦部某個區域不正常放電所導致，影響可能只在某些部分或是遍及全身。

備註：患有癲癇的兒童應該戴上有醫療警示的手環（medic alert bracelet）。

| 生理和行為特徵 | 其他可能因素 | 建議 |
|---|---|---|
| • **全身性僵直陣攣型發作**（大發作）此類型的發作型態通常會放聲大叫，伴隨意識喪失，全身性急速的抽筋、動作嚴重失控。<br><br>當發作開始時，兒童通常會立即倒下，可能會口吐白沫、肌肉嚴重痙攣，或是無法控制膀胱和／或大腸，而出現尿失禁或脫糞的現象。<br><br>發作通常會持續2至3分 | 有些兒童會在發脾氣、極度憤怒或是害怕時，讓自己失去意識。兒童有時可以，但有時也無法控制自己的行為。<br><br>有時候，對於食物或空氣傳播的物質有極度過敏反應時，會產生嚴重的後果，這樣的後果可能會以發作的形式出現。<br><br>高燒有時也會伴隨發作的出現。 | **找出重要資訊**<br>由於患有全身性僵直陣攣型發作的兒童在進入園所時大多是已經先被診斷過，因此事先掌握兒童發作的形式是很重要的，例如：持續多久、經常出現的行為等。園所人員也應該要知道：<br>• 兒童目前有接受哪些醫療措施。<br>• 如果兒童發作時，任何可遵循的特定指示。<br>• 如果發生緊急狀況，要聯絡的人是誰。 |

E

| 生理和行為特徵 | 其他可能因素 | 建議 |
|---|---|---|
| 鐘。<br><br>兒童在發作過後會需要小睡片刻。<br><br>發作過後，兒童不會記得發作時所發生的事，而會覺得困惑和迷惘。<br><br>有時，減少發作的藥劑會對兒童產生副作用，包括：昏昏欲睡或活動過量。<br>*備註：如果警覺到兒童的發作勢必會發生，立即與家長聯絡；如果兒童正處在一連串的發作中（一個接一個），要立刻尋求醫療上的協助，並打電話叫救護車送醫治療。*<br><br>• **失神性發作**（小發作）<br>此類型的發作，持續1至10秒短暫的意識喪失是其主要症狀。<br><br>此類型的發作經常始於二到四歲，通常到青少年時期就會停止發生。<br><br>這類兒童可能會：<br>1. 暫停所有的活動。 | | 如果癲癇發作時：<br>• 試著不要驚慌，要鎮定，發作一旦發生，就不可能被抑止。<br>• 小心地將兒童放到地板上，視需要將他的衣服鬆開。<br>• 讓兒童側臥以保持呼吸道暢通，並避免被唾液嗆到或是咬到舌頭。<br>• 將危險的物品移開（椅子或有尖角的桌子），避免因發作造成其他意外傷害。<br>• 不要限制兒童發作時的動作，除非是要防止頭部或身體受到傷害——例如，試著在兒童的頭部下面放置一件柔軟的物品，以防地板或走道的堅硬表面讓兒童受傷。<br>• 不要在牙齒之間塞入任何物品。<br>• 如果兒童出現短暫停止呼吸的現象，千萬別驚慌。<br>• 向其他兒童說明：這位兒童幾分鐘後就會恢復正常了，他和你們每一個人都一樣，沒什麼不同，只是有些動作是他 |

| 生理和行為特徵 | 其他可能因素 | 建議 |
|---|---|---|
| 2. 眼神似乎無力地凝視眼前的空間，就像在作白日夢一般。 | **聽覺障礙** | 不能控制的（就像打噴嚏／咳嗽一樣）。 |
| 3. 呈現連續性的肌肉痙攣和／或短暫性肌肉失控。 | **行為／社會／情緒問題** | • 不要讓其他的兒童站在一旁盯著發作的兒童。當兒童意識恢復過來時，讓兒童很自然地再加入團體中是很重要的。 |
| 4. 出聲咂嘴或是動嘴唇。 | | • 務必記錄下列內容：<br>－發作的頻率。<br>－何時最容易發生。<br>－在何種情況下最容易發生。 |
| 5. 眨眼或轉動眼球。 | | |
| 6. 發作過後，通常會再繼續原來的活動，就好像任何事都沒發生過。 | | • 對於觀察到的行為試著寫成一份描述性的報告。各地的癲癇之友協會或是醫療院所都會提供癲癇日誌以供詳細記錄。 |
| 7. 不知道自己會有這類的發作，因為他無從察覺起，而可能全然不知自己有這方面的障礙。 | | |
| 8. 因為在發作期間，意識瞬間的喪失，只接收到片段的資訊，使得無法正確回答問題。 | | **如果察覺兒童會失神性發作（小發作）** |
| 9. 不記得曾發作過，或是不能理解自己曾發生過任何異常的事。 | 有些有**行為／社會／情緒問題、自閉症候群、妥瑞氏症或學習障礙**的兒童，也會出現類似的症狀，例如：會有類似「頻道跳掉」（是指突然出現失常的狀況）或是出現異常的身體動作。 | • 立即與園所內的護理人員（或是兒童的醫師）聯繫，尋求正確的因應步驟。 |
| 備註：通常失神性發作不易被察覺，也容易被錯誤診斷為其他因素所造成，因此，成人會認為此類兒童愛偷懶或不禮貌，而無法理解其實這些行為的原 | | • 對於兒童應保持接納、正向的反應。兒童在任何時候出現迷惑或發楞的情況時，請忽略他這類恍神的表現，並試著重複剛才說過的內容， |

| 生理和行為特徵 | 其他可能因素 | 建議 |
|---|---|---|
| 因是失神性發作所導致。 | | 或向兒童說明他剛才曾發生的行為。 |
| **• 局部或心理動作發作**<br>此類型的癲癇較少發生在年幼兒童身上，發作時間通常持續2至5分鐘，同時伴隨短暫的記憶喪失。可觀察到的行為包括：<br>1. 身體動作失控。<br>2. 不合宜的動作，包含：咀嚼、臉部表情扭曲、莫名其妙地爆發激烈的肢體動作。<br>出現機率較小的其他症狀包括：<br>1. 腹痛、頭痛、耳鳴和暈眩。<br>2. 咀嚼或咂嘴。 | 行為／社會／情緒問題<br>妥瑞氏症<br><br><br>醫療問題未被診斷出來，例如患有腦瘤。 | • 和兒童的父母建立持續不間斷的溝通。<br>• 找出可以遵循的作法和原則，以符合兒童在發作時個別的需求。<br>• 盡可能讓兒童完整融入園所內已排定的日常活動。<br>• 對於任何已知會誘發發作的因子要儘量避免。<br>• 當兒童在從事游泳活動或是攀爬遊戲器材時，須加以嚴密監控。<br>• 若是在日常生活中能獲得足夠的睡眠並攝取平衡的飲食，對兒童會很有幫助。 |

E

# 生長遲滯
## FAILURE TO THRIVE（FTT）

生長遲滯（FTT）一詞經常會被用來描述嬰兒或幼兒在生理成長及發展上出現嚴重落後與不足的症狀，這樣的狀況常會伴隨出現社會心理發展異常。生長遲滯的根由可能是來自於器官／生物或社會／情緒因素。

兒童一旦被確認為生長遲滯，所有可能造成遲滯的原因都必須馬上去追查、探究。

- 器官因素所導致的生長遲滯，包括尚未被診斷出來患有：腎臟疾病、腸內問題引起養分吸收不良、心臟疾病、人類免疫缺乏症病毒／愛滋病，以及母體濫用毒品等。

- 非器官因素所導致的生長遲滯，起因於潛在的社會和情緒問題，包含：問題根源於兒童的原生家庭——例如母愛被剝奪或是主要照顧者與兒童的關係不良；父母教養技巧不足或失當；或是有受虐和／或被漠視而欠缺養育的可能。雖然生長遲滯的發生相當罕見，但是請記住它還是有可能會發生，因此，在事前提供特定的諮詢服務和協助可以減少問題的發生。

生長遲滯在未排除器官因素所導致的可能性之前，請不要以此單元內所列舉的非器官因素來加以推斷。

| 生理和行為特徵 | 其他可能因素 | 建議 |
|---|---|---|
| 這類兒童可能會：<br>1. 身高和體重明顯低於預期的標準。<br>2. 在一段期間內一直無法增加體重。<br>3. 在精細與粗大動作發展上、語言和溝通能力上、人際互動和社 | 遺傳因素——例如：父母是否屬於骨架小或是體重輕的類型？<br>內分泌失調所導致，例如：腦垂體功能缺陷或甲狀腺分泌不足。<br>貧血／缺乏鐵質<br>胎兒酒精症候群／母體物 | 備註：如果兒童進入園所之前未曾接受過任何生長遲滯的診斷，務必建議家長立即帶兒童去醫療院所接受完整的醫療檢查。若是家長對建議不予理會，請告知園所負責人，通知兒童福利單位來處理。 |

| 生理和行為特徵 | 其他可能因素 | 建議 |
|---|---|---|
| 會技巧上，都明顯呈現落後的現象。<br><br>4. 對各種事物缺乏興趣、容易發怒、無精打采、畏縮孤僻。缺乏目光的接觸，並且無法有合宜的回應（例如：不會微笑）。<br><br>5. 嘔吐、腹瀉、週期性的呼吸系統感染、嚴重且未治癒的尿布疹或嬰兒乳痂。<br><br>6. 頭髮稀疏、黑眼圈和／或腹部腫脹。<br><br>7. 胃口差。<br><br>8. 無法認出自己母親的身形。<br><br>9. 抵抗他人的安撫。<br><br>10. 過度嗜睡。<br><br>11. 無法有口語表達的語音——例如只會發出含糊不清、咿咿呀呀的聲音。<br><br>12. 和陌生人接觸的方式不得體。<br><br>13. 和父母或主要照顧者較無依附關係，顯得疏離。 | 質濫用<br><br>智能障礙<br>**先天性心臟異常**<br>發展遲緩<br>腸道問題引起的腹瀉<br><br><br><br>營養不良<br>腎臟功能無法正常運作（可能因泌尿系統感染而引起）。<br><br><br><br>囊胞性纖維症；文化差異對行為之影響（英語為第二外國語／英語為同源語）<br>自閉症候群<br>因其他症狀而服藥所引起的藥物反應。<br>持續的住院治療或處在孤立的環境。<br><br><br>自閉症候群<br>智能障礙<br>虐待／受忽視 | • 如果兒童是來自於另一個國家，他可能尚未適應這裡的氣候，或是免疫系統尚未發展完全。園所提供的食物對兒童來說也可能是他從來沒吃過的。<br><br>• 如果兒童的家長樂於接納建議，可以提供相關書籍、家長支持團體，以及其他有關養育技巧的資源，幫助家長養育之路更順遂。<br><br>• 確認兒童飲食方面的問題。<br><br>• 持續記錄兒童的行為與發展。記下兒童任何偏離標準的現象。<br><br>備註：由於非器官因素所導致的生長遲滯，涉及個別不同背景，因此成因很複雜。所以，一項處遇計畫的執行需要許多合格的心理衛生專業人員共同合作，例如：小兒科醫師、營養師、社工人員、物理治療師、職能治療師、心理發展專家和心理治療師。 |

# 胎兒酒精症候群／胎兒酒精效應／母體物質濫用
## FETAL ALCOHOL SYNDROME (FAS)／FETAL ALCOHOL EFFECT (FAE)／MATERNAL SUBSTANCE ABUSE

**胎兒酒精症候群**（FAS）是由於母親在妊娠期間飲酒所導致，是造成智能不足（智能障礙）的主要成因。胎兒酒精症候群造成嬰兒許多先天上的缺陷，對中央神經系統造成永久性的破壞。

出生時會出現一些特定症狀，包括：早產、體重過輕、畸形小頭，或是臉部發育異常，此外，醫學也證實胎兒酒精症候群會影響兒童日後的發展，包括：對於觸覺、聲音、視覺、嗅覺及動作方面表現活動過多或反應遲鈍，亦會在視覺——空間關係和聽覺處理能力方面、動作計畫和動作順序方面出現嚴重問題。

**胎兒酒精效應**（FAE）的症狀較不嚴重，同樣是由於母親在妊娠期間飲酒所導致，出生時因為在生理上無明顯缺陷而不易被察覺。當兒童入學時，會明顯表現出智能上的缺陷。

**母體物質濫用**是指母親在妊娠期間接觸酒精或毒品——包括注射性毒品、非法毒品如：古柯鹼、快克和海洛因。此外，使用尼古丁、咖啡因、無醫師處方箋的藥品，都可能影響胎兒的正常發育。

毒品成癮的母親所生下的嬰兒，通常也會有成癮的情況，所以出生後會經歷一段戒癮的時期。這類的嬰兒大多數會有早產的現象。

| 生理特徵 | 基本資訊 | 建議 |
| --- | --- | --- |
| 患有胎兒酒精症候群的兒童，其先天性的缺陷包括：<br>1. 頭部和腦部較小，經常造成永久性的智能障礙。<br>2. 臉部發育異常，包括： | 這類的兒童在進入園所之前，大多都已被診斷出來，對兒童的基本發展評估工作也會完成。社會服務單位會介入協助兒童的家庭，他們也能提供老師們如何指導兒童的方法。 | **如果懷疑兒童可能患有胎兒酒精症候群／胎兒酒精效應或是有因藥物濫用而造成的問題，和社會服務單位聯繫是非常重要的。**<br>• 具有智能和行為問題的兒童，通常比其他兒童更需要個別化方案計畫 |

| 生理特徵 | 基本資訊 | 建議 |
|---|---|---|
| • 小眼睛<br>• 斜視<br>• 兩眼距離較寬<br>• 眼瞼下垂<br>• 鼻子短且往上翻；鼻樑扁平<br>• 上唇薄<br>• 下頜和下頦小；臉頰骨扁平<br>• 牙齒小或畸形。<br>3. 身材矮小；生長紊亂。<br>4. 身體的比例不正常。<br>5. 肌肉張力差。<br>6. 聽覺損傷。<br>7. 顎裂。<br>8. 心臟缺損。<br>9. 視覺問題（近視） | 老師務必要做的，是持續記錄兒童在發展上的任何進步情形。<br><br>有些兒童可能尚未接受過任何的鑑定或診斷。請務必協助家長一起找到合適的機構，他們能支援並指導家長和老師們提供兒童最有利的學習經驗。<br><br>患有胎兒酒精症候群／胎兒酒精效應以及因藥物濫用而造成傷害的兒童，他們的障礙是永久、終生的，因此要為這些兒童設計適合個別能力發展的特殊方案，幫助他們能有效利用自己的優勢能力，補償其弱勢能力，以期發揮自己最大的潛能。 | 的擬定。他們的需求包括：<br>－訂定行為和社會性互動的目標是合乎兒童能力的。<br>－合理的自理／自我照顧技巧的目標。兒童可能需要他人教導基本的生活技能，例如：扣扣子、穿鞋子、擤鼻涕、咳嗽時要摀口等等，如果兒童之前從未學過這些技能，則需要許多的耐心來一步一步教導兒童每一種生活技能。<br>－學習如何遵守常規。<br>• 去發掘兒童的興趣和優勢能力也很重要，並試著將這些興趣和優勢能力與學習結合，讓他在團體學習中和同儕有正向的社會互動經驗。 |
| **行為／社會／情緒特徵**<br>患有**胎兒酒精症候群／胎兒酒精效應**以及因**母體物質濫用**而造成傷害的兒童，其特徵包括：<br>1. 在嬰兒時期就出現易發怒、活動力過多的現象。<br>2. 過動、緊張、焦慮、衝動。 | 患有胎兒酒精症候群／胎兒酒精效應以及因藥物濫用而造成傷害的兒童，會有學習、行為和生理的問題，而其他症狀的兒童也會面臨類似的問題，他們之間主要的不同是：若是這些問題的根源是因胎兒酒精症候群／胎兒酒精效應所造成，他們的父母可 | • 這類兒童大部分有認知／動作的問題，工作人員要注意兒童可能無法意識到在戶外從事粗大動作的遊戲活動會有的危險情境。 |

F

| 行為／社會／情緒特徵 | 基本資訊 | 建議 |
|---|---|---|
| 3. 退縮。<br>4. 注意力缺陷。<br>5. 過動。<br>6. 容易分心。<br>7. 訊息處理有問題——視覺——空間關係、聽覺處理能力等等。<br>8. 精細和粗大動作技巧發展不足。<br>9. 動作計畫和動作順序方面出現嚴重問題。<br>10. 傾聽技巧差。<br>11. 發展遲緩、學習障礙、感覺統合失調、注意力缺陷、智能障礙、和／或行為／社會／情緒問題。<br>12. 口語發展遲緩，語言理解能力和溝通技巧不足。<br>13. 呈現經常發怒、情緒不穩定、退縮的現象。<br>14. 遵從指導與遵守規範有困難。<br>15. 判斷力不足。<br>16. 缺乏合宜的社會互動技巧。<br>17. 呈現不適宜的社會互動方式——例如：過度友善、愛講話、過於不受約束。 | 能會因此而嚴重的自責，極度地憂心，或是強烈感受自己不配為人父或母。<br><br>收養兒童的家長必須了解，患有胎兒酒精症候群／胎兒酒精效應的兒童通常會有行為及學習上的問題，而這些問題是先天造成的，而非後天教養所引起的。 | |

F

F

# 資賦優異（智能優異和才能優異）
## GIFTED（Intellectually Gifted and Talented）

　　**資賦優異**兒童是指擁有優異的認知和發展能力的兒童，「資賦優異」的標記所涵蓋的範圍很廣，從「稍具」優異（能力超前）到「非常」優異（各方面發展能力都超前）或是只在一種或多種領域呈現資賦優異的表現。幼童之所以會被認定為資賦優異，是由於和同年齡的兒童比較，他們的能力是明顯超前的，他們的學習方式通常迥異於其他兒童。資賦優異兒童的產生不受限於何種社經地位，但是若是來自於文化不利或是英語非母語的兒童，可能較難辨識是否為資賦優異。

　　**特殊優異才能**兒童具有一項或多項特定領域的特殊能力——例如：音樂、藝術、數學等等。

　　就像所有的兒童一樣，資賦優異和特殊優異才能兒童可能在某些學習和／或發展領域中，會有社會、情緒、行為和發展方面的問題。

| 生理和行為特徵 | 基本資訊 | 建議 |
|---|---|---|
| 這類兒童通常會：<br>1. 很快的掌握並理解新的概念，對於各式各樣的事物都表現出濃厚的興趣。<br>2. 充滿好奇，總是在尋求新的知識，詢問許多具有深度的問題，不斷地仔細探索新的遊戲、玩具、物品和經驗。<br>3. 記憶力強（可能會記得你預期他已經忘記的事物）。 | 有些兒童在單一領域擁有天賦異稟的能力，例如：在藝術、音樂、身體協調活動等等方面，這些優異能力需要特別的支持，以期可以得到更進階的發展。因此，如何在栽培兒童優異能力的同時，兼顧他原本該進行的標準課程，對於校方或園所而言，實是一大挑戰。<br><br>某些兒童的「一般」智能可能在某些領域發展得較 | • 對於在某些領域已展現出優異才能與理解力的兒童，應提供更多具挑戰性的學習內容，以免兒童覺得無趣——因而表現出冷漠孤僻或是不耐煩的行為。<br>• 嘗試提供開放、不受限制的活動和機會，讓兒童能盡情地去探索。盡可能地供應任何能擴展主題研究的材料。<br>• 盡可能在手邊多放一些較複雜多元的設備和材 |

G

| 生理和行為特徵 | 基本資訊 | 建議 |
|---|---|---|
| 4. 在團體中是領導者的角色；或是和同齡兒童的社會互動有困難。<br><br>備註：和同儕之間缺乏社會性互動，可能是由於自己玩的興致被打斷、同儕對事物的看法不同或領悟力較慢而失去耐性所導致。<br><br>5. 口說與語言能力發展較早，擁有較成熟的字彙，並且快速發展。不斷地學習新字，而且能很快地、適當地具體運用在口語溝通上。<br><br>6. 擁有高度的語言發展，以致於兒童可能會因為同儕無法了解他的意思而感到沮喪。<br><br>7. 自編歌曲和故事，並用唱的和說的方式分享給別人。<br><br>8. 具有優越的會話技巧，並較早發展出幽默感。<br><br>9. 享受傾聽的樂趣，能花一段時間好好地、耐心地坐著聽故事，並且能記住所聽到的 | 早，然而隨著年紀的增長，其發展的曲線則愈顯平坦，舉例而言：較早會走路或較早會閱讀的情形，可能隨著年紀增長，和其他同齡兒童的發展差距愈不明顯。<br><br>有時，兒童的優異表現是父母積極督促的結果：提早提供多元的學習課程，或是教導還在學步的幼兒如何閱讀，並納入生活之中等等。這些提早教育的作法，對於某些兒童來說可能會刺激他們對於學習的興趣，但是也可能會讓某些兒童感到全然的挫折，害怕失敗，更嚴重的可能導致對於閱讀或數學的興趣完全消失殆盡。<br><br>備註：兒童的良好表現是因為被要求，或是自己主動習得的，這兩種類型應該不難分辨。<br><br>家中若有較年長的手足，通常會自然而然影響該兒童的發展。因此，一個聰穎的兒童，即使不是資賦優異，他可能在某些領域 | 料，以利更進一步的學習和探究。<br><br>• 儘量不去限制兒童的發展，即使教師已經規劃了材料的運用方式，如果兒童對於材料並無使用不當，教師應能允許他以自己獨特的方式去探索、發揮。<br><br>• 無限的探索仍須遵守基本的規範──維護安全原則、輪流、分享等等。<br><br>• 儘量避免會使兒童被孤立的情境，或是會扼殺兒童能力的作法。<br><br>• 鼓勵兒童表現較不出色的某些領域，並提供協助。請記住，兒童可能在某個特定領域表現極佳的領悟力與探索力，這並不表示他在其他方面也能展現出同樣出色的能力。<br><br>• 社會性互動對兒童早期發展是非常重要的，教師應提供較多元的面向、較廣泛的機會來學習、分享、參與人際互動，以及個人和團體之間社會互動的發展。<br><br>建議可行的活動包括： |

| 生理和行為特徵 | 基本資訊 | 建議 |
|---|---|---|

**生理和行為特徵**

故事內容。

10. 具有超前的理解能力、口語能力和具體解決問題的技巧（例如：擅長拼圖、畫畫、保持積木的平衡和建造複雜的結構。）

11. 對於早期的數字概念擁有優越的能力。

12. （通常）比其他同齡的兒童提早達到發展的里程碑。

13. 精細和粗大動作能力發展優越。

14. 擁有優越的自我學習技巧。

15. 渴望、接納並能完成該負的責任；喜歡獨立做事，並且對具挑戰性的工作和經驗產生極大的興趣。

16. 對於需要協助的同儕很樂於伸出援手。

17. 在年幼時就會主動學習閱讀；或是從電視中學習如何閱讀或書寫。經常詢問字母、字母的發音、數字和數量等等。

18. 注意力集中的時間較長，比其他的同儕更

**基本資訊**

的發展上也會有超前的表現。

某些文化會花費許多時間來發展某些特定的技能，因此，即使不是資賦優異，兒童在這些方面的發展會較為優越。

**重要考慮因素**

有時候，資賦優異兒童可能會：

- 因緊張情緒表現出一些症狀，例如：面部肌肉抽搐、說話結巴（心中的想法比口說的速度快）、腿部抖動、痙攣等。

- 對於目前的學習步調感到厭煩，或是學習的內容都早已學會時，會出現一些行為問題。

- 沉浸在自己的想法中而顯得注意力渙散。資賦

**建議**

- 紙牌遊戲、棋盤遊戲。
- 粗大動作的活動，像是：
  - 躲避球。
  - 「1，2，3木頭人」──音樂進行時，大家可以隨性地跳躍、移動，當音樂停止時，每個人必須保持當時的動作靜止在原地。
  - 「音樂椅」──椅子的數量比兒童的數量少一個，當音樂停止時，每一位兒童都一定要想辦法坐在椅子上，每玩完一次就拿走一把椅子，考驗兒童的反應度以及如何合作分享。

- 兒童使用電腦務必要嚴加監控，因為他們確實會維持較長的時間在電腦遊戲上，若不加以限制，可能會影響他們和同儕發展肢體和社會性互動的機會。

- 要為所有兒童準備合宜的電腦課程，但是對於那些具有優異能力的兒童，所提供的電腦學習應該是開放性的，並能激發出具有創造性的問

| 生理和行為特徵 | 重要考慮因素 | 建議 |
|---|---|---|
| 能處理受挫的情況。<br>19. 是一位敏銳的觀察者。<br>20. 展現優越的能力，對規則性的工作、重複性的課程感到厭煩。同儕還感到興致勃勃的活動，對兒童而言卻是已失去智能和體能上的挑戰性。（這樣的情形容易在情緒上表現得躁動不安，並做出引起注意的行為）<br>21. 自我動機強烈，會創造出新的遊戲、活動、科學實驗和生活經驗。<br>22. 學會第二外國語言的速度比同儕快。<br>23. 在某一領域擁有卓越的能力——例如：心理動作能力、藝術和／或音樂、抽象理解能力等等。 | 優異的兒童通常能在同一時間做一件以上的事情，而不致影響到他學習的程度。<br>• 對於他人的批評過於敏感。<br>*備註：資賦優異兒童通常會有較高的成就表現，因此對於一件事情的作法可能很難接受他人其他的建議。* | 題解決方式——例如：創作一個故事發展流程、一幅繪畫、或是一項設計；或是運用一些現有的優良軟體，讓兒童學習發音、早期看圖識字的技巧、分類和數字問題解決技巧。所以，運用電腦教學的主要目的，就是揀選一些合適的電腦學習課程，讓兒童學習如何自我修正，又能兼顧到娛樂性以及挑戰性。 |

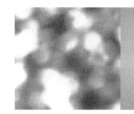

# 聽覺障礙（間歇性，部分損失，或永久性聽力損失）
# HEARING IMPAIRMENT（Intermittent, Partial Loss, or Permanent Hearing Loss）

**聽覺障礙**的兒童通常在語言（包含接收和表達）和說話發音有障礙，其障礙狀況視障礙類型和聽力損失程度的而定。間歇性聽力損傷是暫時的，可能是由於疾病例如耳朵細菌感染；永久性聽力損傷如先天性因素例如內耳耳蝸、聽覺神經、外耳、中耳畸形造成。兒童也可能因為疾病或傷害而損失聽力。

聽覺障礙的程度依兒童損傷嚴重性與聽力問題發生的年齡而有不同。

## 聽覺障礙：已確認

| 基本資訊與必問的重要問題 | 重要考慮因素 | 建議 |
|---|---|---|
| 假如兒童入學前已確認聽力有問題，我們需要向提供兒童服務的治療師或醫護人員詢問意見。<br><br>1. 兒童聽力損傷已有多久，以及幾歲時接受鑑定。<br><br>2. 兒童還有任何聽力嗎？如果有，需要知道什麼方法才能讓他聽得最清楚。<br><br>3. 知道兒童已接受哪些治療。有些專業人員主張運用兒童殘存的聽力，有些強調手語，大部分則主張殘存聽力與手語並用。<br><br>4. 老師對該兒童適當的期望是什麼？ | 備註：下列的觀點可適用於特殊需求兒童在家中大部分的情況。<br>在向家長或專業人員尋求資訊的過程中，要特別注意家長過往的情緒與經驗是否影響目前的情況。例如：<br>• 家長可能因為孩子的聽力障礙而責備自己，例如可能是媽媽在懷孕的過程中患有德國麻疹。<br>• 家長可能經歷了許多挫敗的經驗；他們可能花了數年尋找治療方法、醫學奇蹟、新的設備幫助孩子。<br>• 家長通常會在兒童治療與教育目標中交替使用 | • 老師要持續進行正式與非正式觀察並將結果記錄下來，並且彼此分享園所與家中觀察紀錄、經驗與相關資料。<br>建立兒童每日在學校與家中的學習紀錄（聯絡簿）是有幫助的，內容包括他使用了哪些新的字、嘗試哪些新的策略、參與活動的方式、和其他有用的資訊。<br>• 試著注意兒童是否變得緊張、被動、或是逃避某些情境。<br>• 在團體活動時間，安排兒童坐在老師對面，給予他最佳讀唇語的方位。 |

H

| 基本資訊與必問的重要問題 | 重要考慮因素 | 建議 |
|---|---|---|
| 5. 兒童有接受任何藥物治療——如抗生素，或是需要裝置管子嗎？老師可能需要幫助兒童做好住院治療的心理準備（例如，在教室設置類似醫院中心遊戲角，閱讀有關就醫的繪本等）。<br><br>6. 假如兒童有配戴助聽器，老師必須學習：<br>• 如何更換電池。<br>• 如何清潔助聽器。<br>• 故障時如何調整。<br>• 如何調整耳模。<br>• 確認開關裝置（當兒童第一次配戴助聽器時，需要花一些時間讓他適應戴助聽器後的聲音）。<br>• 老師要掛著特殊發射器（對兒童而言有麥克風的效果）好讓兒童更有效能的接聽聲音。 | 自己的方法。或許有些方法對他們的孩子來說比較有用。以同理心面對家長並試著了解他們過去的經驗。工作人員應打開心胸去接納家長的想法和作法。<br><br>• 要能覺察自己的想法可能有所偏頗，可從家長與醫護人員方面尋求額外的資訊，可以幫助工作人員清楚掌握教學要達成的目標是什麼。<br>• 就老師而言，和兒童相處只有一段時間。但對家長而言，教養特殊需求的孩子是一種持續的，經常充滿挫折，日復一日的責任。<br>• 照顧特殊需求兒童的費用只有少部分由保險、特殊機構或政府組織來負擔。當家長想要尋求專業人員的建議，找尋能醫治兒童最新資源、加入相關組織或尋求相關協助時，家長常需要使用到自己的資源（如經濟負擔等）。 | • 跟兒童說話時，老師最好面對光源，假如燈光照在老師臉上，能幫助兒童更清楚看到老師的嘴巴與臉部表情。<br>• 為了吸引兒童的注意力，運用輕柔的肢體接觸與眼神接觸幫助兒童注意老師或自己手上的工作。<br>• 當老師在講解時，儘量使用視覺輔助器材：拿出實物、運用肢體動作、並示範物品的使用方法。<br>• 在音樂活動中，幫助兒童觸摸和體驗鼓、鋼琴等樂器震動的感覺。 |

H

## 聽覺障礙：未被確認

| 生理特徵 | 其他可能因素 | 建議 |
|---|---|---|
| 這類兒童可能<br>1. 耳內有耳屎。<br>2. 耳朵會痛，或是抱怨霹哩啪啦的爆裂聲音。<br>3. 經常摩擦耳朵。<br>4. 使用嘴巴呼吸。<br>5. 會抱怨有頭暈目眩的感覺。<br>6. 會抱怨有耳鳴或耳中有嗡嗡叫的聲音。 | 耳朵感染<br>**過敏症**<br><br>耳內中可能有異物<br>扁桃腺腫大<br>感染流行性感冒<br><br>視覺問題 | • 詢問並確認兒童最近是否有接受聽力檢查。<br>• 許多兒童時期暫時性的聽力問題是可能是由病毒感染、耳垢增生、過敏等原因引起。假如工作人員懷疑兒童在聽力上有問題，應向家長說明情形並鼓勵家長帶兒童就醫作聽力檢查。假如家長無法做到，工作人員應徵得家長同意與兒童的醫師詢問相關問題。<br>• 兒童時期聽力不佳，會直接影響說話／語言的發展。<br>• 從上述的原因可知，確認兒童有任何聽力的問題是很重要的。<br>• 假如兒童耳朵感染情形一直復發的病史，應仔細觀察聽覺障礙的徵兆，甚至懷疑如果是輕微程度的聽力損失時，聽力測驗對兒童是有幫助的。<br>• 與兒童互動時，試著與兒童有眼神的接觸。<br>• 當兒童對於口語要求沒有回應時，試著以身體 |
| **行為特徵** | | |
| 1. 這類的兒童可能注意力缺乏；好像在作白日夢；像在狀況外。<br>2. 無法遵循老師的指令；對於口頭的要求不理會或是分辨不清。<br>3. 缺乏良好的社交技巧；退縮、很害羞、或是有侵犯別人／暴躁的行為。 | **自閉症候群**<br><br>**說話和語言問題**<br>**視覺障礙**<br><br>**行為／社會／情緒問題** | |

H

| 行為特徵 | 其他可能因素 | 建議 |
|---|---|---|
| 4. 平衡感不佳。 | **動作的問題** | 碰觸來獲得他的注意。 |
| 5. 總是將頭轉向一邊（聲音的來源）。 | **視覺障礙** | • 在小團體的活動中，安排兒童與有口語能力的同學在一組。 |
| 6. 總是要求重複指令，或是回答問題並不適當。 | 當兒童面臨文化差異問題時，有些音對他們來說是困難的。 | • 老師可使用視覺線索，例如實物、圖片，毛氈板以加強教學效果。 |
| 7. 當說話時會有替代、遺漏、扭曲某些音。 | **文化差異對行為之影響**（英語為第二外國語／英語為同源語） | • 用肢體動作強調口頭的表達。 |
| 8. 發音品質不佳或是文法結構會有錯誤。 | **說話和語言問題** | • 依兒童的高度來調整老師身體的姿勢。 |
| 9. 會抱怨聽不到聲音。 | | • 和兒童說話時要稱呼他的名字，例如「約翰，拿蘋果過來」。 |
| 10. 對某些音／聲調有反應，也對其他音／聲調毫無反應。 | 兒童只對某些聲音頻率有反應，其他則無反應。 | • 與兒童說話時，說話咬字要清楚。 |
| 11. 似乎在模仿別人說話或是從別人說話中尋求線索。 | | • 使用簡單、扼要的指導語。 |
| 12. 說話時會過度使用手勢。 | | • 和兒童說話時，要面對他。在團體活動時安排他能面對演講者的適當位置。 |
| 13. 說話時常使用單音調、聲音太大或太低、無法調整不同的音調；會有嘶啞的嗓音或是鼻音的情形。 | **自閉症候群****行為／社會／情緒問題** | • 與他溝通時語句要簡短。• 鼓勵他參與戲劇表演與社會性互動。 |
| 14. 在開錄音機、電視機、或錄放影機時會將聲音開得很大聲。 | | • 先等兒童說完話或回答問題後，再教導他無法表達的字句。• 在回應兒童時，老師應該示範正確的語法與發音。 |

H

| 行為特徵 | 其他可能因素 | 建議 |
|---|---|---|
| | | • 不要強迫兒童重複說某一件事，避免讓他覺得彆扭。<br>• 設計所有兒童可以參與的活動，尤其是有助於聽覺障礙兒童練習某些發音的活動。<br>• 使用玩偶、毛氈板和其他視覺輔助器材以增進兒童語言發展與社會互動。<br>參考**腦性麻痺**單元中**擴大性溝通系統**介紹。 |

H

# NOTE

# 先天性心臟異常（先天性）
## HEART ABNORMALITIES（Congenital）

**先天性心臟缺陷**是指心臟或是血管在出生時即出現異常。這是新生兒最常出現的異常症狀之一。有一些兒童是在長大一些才出現先天性心臟異常的症狀。較嚴重的缺陷是需要矯正性手術治療。

目前心臟異常的成因未明，可能導致的因素包含下列所述：

- 母親藥物濫用。
- 基因問題。
- 早產兒。
- 感染／懷孕早期母體感染疾病——例如，德國麻疹。
- 染色體缺陷（例如唐氏症）。

由於外科手術的進步，此症狀預後是樂觀的。因此大部分先天性心臟異常的兒童將可透過治療而擁有健康、積極的生活。

備註：假如發現園所中兒童口腔的傷口超過一個月未痊癒，需要馬上通知家長。有一種情況叫做細菌性心內膜炎是由細菌進入血流中所引起。這種細菌會在心臟內膜生長，假如兒童沒有即時治療，後果可能十分嚴重。通常會使用抗生素進行治療。

| 生理和行為特徵 | 其他可能因素 | 建議 |
|---|---|---|
| 這類的兒童可能 | | • 向兒童的醫師取得資訊，以了解兒童的身體有哪些限制。 |
| 1. 在皮膚、指甲、嘴唇，或是腳指頭上會呈現藍色情形出現。 | 血液循環問題<br>鐵質缺乏 | • 假如兒童表示他覺得疲倦或是頭暈目眩，或是出現臉色蒼白的情形，允許他有安靜的時間看書或是靜態地玩桌上型的玩具。 |
| 2. 經常覺得疲倦，體能活動是受限的。 | 缺乏睡眠<br>**營養不良** | |
| 3. 呼吸很短促，尤其是在嬰兒或是幼兒時可能會在餵食上有困 | **氣喘**<br>**過敏症** | |

H

| 生理和行為特徵 | 其他可能因素 | 建議 |
|---|---|---|
| 難。<br>4. 會胸痛、頭昏眼花或是暈倒。<br>5. 在身體上或是發展上低於同年齡的標準。<br>6. 容易有肺部和心臟內膜的感染。<br><br>**兒童可能在進入園所前已被診斷出來。**<br><br>### 必問的重要問題<br><br>1. 兒童身體活動的限度為何？這段期間他有哪些可以／不可以參加的活動？<br>2. 有任何需要特別注意的事項？假如有，確認是什麼事情？什麼時間？要持續多久？<br>3. 兒童比其他同儕需要更多的休息時間嗎？在大量運動後他需要休息一段時間嗎？體能活動課程中需要安排休息時間嗎？兒童會自己表明需要休息或是需要別人提醒？<br>4. 有任何替代性活動對兒童身體特別有幫助嗎？假如有，問清楚是什麼活動、提供多 | 癲癇<br><br>**囊胞性纖維症**<br>**腎臟和膀胱失調**<br>產前或產後的傷害<br>遺傳性基因畸形<br>**胎兒酒精症候群／胎兒酒精效應／母親物質濫用**<br><br>*備註：在某些文化中，並不鼓勵兒童從事身體活動。學前階段或是國小低年級的學童可能出現身體狀況不佳的情形，因此在運動之後會有呼吸急促和疲倦的情形產生。* | • 不要將兒童特別抽離出來，除非他需要睡覺或休息的狀態。<br>• 如果不會超出兒童的體力負荷，盡可能讓他參與所有的活動。<br>• 如果懷疑兒童之前未被診斷出來心臟問題，建議家長帶兒童作整體性的健康檢查。<br><br>*備註：假如有任何的疑慮，園所老師應該告知家長或是兒童的醫師。*<br><br>• 兒童的資料夾當中應列出先前的用藥史。<br>• 試著去遵循專家建議的方案，並儘量讓兒童參與同儕的活動。在遊戲活動中，假如兒童需要較安靜的時間，試著提供他一個活動量較少的角色。他可能可以幫助記錄分數、當裁判、管理設備、握住繩子等。<br>• 不要過度保護兒童。除了特別被禁止的活動外，鼓勵他儘量參與活動。<br>• 記錄兒童發生的任何行為或事件，包含日期、時間、地點、與當時的情境。 |

H

| 必問的重要問題 | 其他可能因素 | 建議 |
|---|---|---|
| 少活動、可以持續多久？<br>5. 需要任何特別的預防措施來維持兒童的身體健康嗎？例如，可能的感染或特定的食物。<br>6. 兒童目前在服用藥物嗎？服用方法是什麼？園所老師需要提供什麼服務？有任何副作用嗎？<br>7. 緊急狀況如何處理？該聯絡誰呢？<br>8. 兒童有什麼特定的症狀需特別留意的呢？<br>9. 身體上有其他衍生的問題嗎？<br>10. 有其他任何特殊情況沒有包含在上述問題中嗎？ | | • 確認園所工作人員知道「緊急事件如何處理」，並公布處理程序，因此即使是代理老師也能應變處理。 |

H

# NOTE

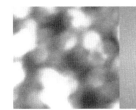

# 血友病
## HEMOPHILIA

　　**血友病**的病因大部分是由於不正常遺傳基因所導致。它起因於血中血凝固酵素蛋白質不足而導致出血不止的情形。血友病A型與B型大部分發生在男童身上。C型（十分罕見）則男童與女童都可能發生。

| 特別注意事項 | 基本資訊 | 建議 |
|---|---|---|
| **血友病兒童在進入園所之前通常已被診斷出來**。最重要是務必注意兒童個別的症狀。<br><br>老師必須察覺兒童問題的程度。有些兒童的情況會比其他兒童來得更嚴重。<br><br>1. 輕微的割傷可能導致血流不止；較深的割傷、皮膚咬傷，任何會引起流血的情況都可能會很嚴重。<br>2. 血友病兒童可能會由於輕微的撞傷或瘀傷或是某種程度的肌肉壓力而導致體內出血。<br><br>體內出血可能症狀如下：<br>• 身體突然腫大。<br>• 關節疼痛，感覺身體某 | 因為這類兒童有一些身體與環境上的特定需求，工作人員必須考量如何調整環境以提供兒童有效的照護服務。<br><br>必須持續監督兒童在遊戲場的活動情形以及在體能活動的安全。<br><br>對其他兒童解釋血友病童只有一些特殊的需求，除此之外他們沒有什麼其他特殊之處。請記得，血友病童的外型與發展上的需求與其他兒童都一樣；因此，對血友病童來說有時會較難接受自己一些身體上的限制。教師應試著避免同儕取笑兒童情形產生。 | • 檢查環境中置物架或是書桌尖銳的角。在這些地方加上一些軟墊塞。<br>• 和兒童一起辨認環境中潛在危險的地方，例如兒童可能從某處跳下或物品可能會倒塌。試著找出可以提醒兒童危險區域的方法，或許可以用顏色記號作為兒童學習危險區域的提示。<br>• 確認兒童發生跌倒、碰撞、抓傷時能讓園所的工作人員知道。<br>• 許多血友病童已經知道自己的限制並且會避免到可能發生危險的場所；有些兒童可能會過度的焦慮，園所工作人員需要找出方法幫助他們放輕鬆。<br>• 教師應發展沒有危險性的活動以提供社會互動 |

| 特別注意事項 | 基本資訊 | 建議 |
|---|---|---|
| 部位溫度逐漸升高。<br>• 僵硬。<br>• 肌肉無力。<br>• 瘀血。<br>• 頭痛。<br>• 瞳孔異常。<br>• 感覺無力。<br>• 噁心。<br>• 嘔吐。<br>• 排出暗褐色尿液。<br>• 排出暗褐色糞便。<br>• 腹痛。<br>• 說話含糊不清。<br>• 失去方向感。<br>• 輕微傷害、手術或牙科處理後出血過久。 | 對於任何緊急事件發生之前，做好準備是必要的，好讓園所的工作人員能在事情發生時馬上採取行動，包含要馬上送兒童至醫院的處理程序。<br><br>確定兒童的家長需要多少協助？蒐集附近地區可以為家長提供協助的社區團體或是機構。<br><br>要監督兒童的活動並和家長相互聯絡該注意的事項。<br><br>有些兒童可能接受血液凝固治療。這類的兒童就不需要那麼多的特別監督。從兒童的醫護人員獲取一些相關的報告來更了解兒童狀況。 | 的機會，例如認知與創意活動、科學與語文、玩偶、學習毛氈板、娃娃屋等。<br>• 游泳與走路是很好的運動。試著去避免會產生碰撞的遊戲／運動。<br>• 規律性的牙齒檢查是必要的，以避免因齒齦發炎而引起流血的風險。<br>• 邀請醫療上的專業人員至園所中給予老師相關專業資訊，檢視園所中的環境並提出相關的建議。<br>• **血友病童禁止服用阿司匹靈。**<br>• 兒童需要戴醫療警示手環。 |

## 必問的重要問題

當園所中有血友病童，老師必須了解兒童所面臨問題的情況。

1. 兒童曾經有哪些血友病所產生的問題？
2. 兒童進行活動可以到什麼程度？
3. 兒童清楚自己肢體活動可能受到限制嗎？

在學前的方案中，當兒童發生意外時要確認自己在法律上的角色為何。所以取得家長書面的同意書是必要的。

H

| 必問的重要問題 | 基本資訊 | 建議 |
|---|---|---|
| 4. 假如兒童不小心撞倒物品或是跌倒，需要立即採取什麼醫療措施或行動？ | | |
| 5. 兒童需要穿著任何具有保護的衣服嗎？或是在遊玩時需要使用如安全帽、膝蓋或臀部的海綿塑膠護墊等特殊的保護設備嗎？ | | |
| 6. 假如發生緊急事故，要跟誰聯絡呢？園所必須有兒童的醫生、醫療診所的名稱與電話，或當意外發生時應該採取何種特定的處理流程。 | | |

H

H

# 人類免疫缺陷病毒—愛滋病
## HIV-AIDS

**人類免疫缺陷病毒**（Human Immunodeficiency Virus, HIV）——經醫學證實人類免疫缺陷病毒是透過精液、陰道分泌物、血液，或是乳汁等途徑傳染。它是透過性行為、受感染的血液，或是未經消毒皮下注射針頭所感染。

大部分患有人類免疫缺陷病毒的兒童是透過母親在懷孕時、生產、餵母乳時所感染，並不是所有帶有人類免疫缺陷病毒的兒童都會轉變成愛滋病。

**愛滋病**（AIDS）——大部分是由HIV病毒所引起的症候群，這種病毒會破壞身體的免疫系統而導致身體容易感染或轉變成癌症。

其他還有因輸血（通常從手術或是器官移植）而感染人類免疫缺陷病毒/愛滋病的病童。血友病童和特定類型的貧血病童因需要反覆性輸血，會面臨較高的感染風險。

| 生理與健康問題 | 基本資訊 | 建議 |
|---|---|---|
| 感染人類免疫缺陷病毒／愛滋病的病童通常會有：<br>1. 對於病毒、感冒、肺炎和其他的感染缺乏抵抗力。<br>2. 總是覺得很疲勞或是沒有原因體重持續下降。<br><br>以下是診斷人類免疫缺陷病毒／愛滋病的疑似症狀：<br>• 發展遲緩／缺陷／與障 | 目前的研究報告指出人類免疫缺陷病毒／愛滋病不會經由一般的接觸傳染。<br><br>**但是我們必須知道人類免疫缺陷病毒—愛滋病的症狀也會在兒童期受到感染時出現。**因此對於兒童出現的症狀不要輕易下結論為愛滋病。<br><br>*備註：人類免疫缺陷病毒／愛滋病毒一旦暴露在空氣中* | • 假如患有人類免疫缺陷病毒/愛滋病的兒童轉介到園所來，要取得有家長簽名處理程序書面資料，並包含兒童的醫師所提供重要資訊。<br>• 在幫病童清潔或是換尿布時，以一般性預防措施來避免細菌傳染或是感染的情形發生。<br>• 在幫病童清潔尿布、清理嘔吐物或處理傷口時，要記得使用橡膠手 |

| 生理與健康問題 | 基本資訊 | 建議 |
| --- | --- | --- |

礙。

- 腎臟與心臟有問題。
- 經常發生葡萄球菌、沙門氏菌、酵母菌感染。
- 鼻竇炎和耳部感染。
- 類似流行感冒的症狀。
- 腹部隆起。
- 皮膚表面小疹子癢。
- 經常性腹瀉。
- 鵝口瘡（在舌頭表面）和／或頸部鼠蹊部淋巴腺腫大。
- 夜晚盜汗或發燒。

備註：卡波西氏肉瘤（Kaposi's Sarcoma）（皮膚多發性出血肉瘤，是一種皮膚癌，會在口腔內膜或是內部器官——例如肺部發作。）在患有愛滋病的成人身上很常見，但比較少出現在愛滋病兒童身上。

即容易死亡。因此愛滋病無法透過以下列方式傳染：

- 接觸。
- 接吻。
- 咳嗽。
- 打噴嚏。
- 共用水杯。
- 接觸門把。
- 馬桶座墊。
- 游泳池。

切記：我們對兒童出現的任何症狀要下最後結論之前必須注意是否有許多相關類似的症狀同時出現，以免判斷錯誤。

切記：所有在左欄出現生理與健康問題也常會在其他兒童疾病中出現。

套／具防衛性手套。

- 假如病童有嘔吐物、血清沾到玩具或地毯，在其他兒童使用前先以消毒劑清洗。
- 在嬰幼兒托育中心，嬰幼兒經常會將玩具放入口中，因此每天要以消毒劑清洗玩具。
- 年紀大一點的兒童可能容易感到疲憊，因此課程內容需要隨時依病童的特殊需要來調整。

雖然也有其他的原因會引起上述情況的發生，但如果該兒童也出現左欄所描述的多種症狀，建議兒童接受完整的健康檢查。

## 智能障礙（智能缺陷）
## INTELLECTUAL DISABILITIES（Mental Retardation）

**智能障礙**一詞是用來描述兒童在智力功能及生活適應技巧上，顯著低於同年齡兒童的平均發展程度，可能會在社會、情緒、溝通、生理和／或功能性學科技能等方面的發展上呈現顯著的障礙，因此智能障礙的個別化差異很大。輕度至中度智能障礙兒童在學前階段通常不太會被察覺，要直到進入小學後，需運用到學科技巧時才會顯現出問題來。大多數智能障礙兒童可以在某些方面擁有自己的優勢，但是通常在其他更廣泛的發展領域上需要得到更多的協助。

較重度的智能障礙及生活適應技巧困難的兒童，通常會伴隨生理／情緒／社會互動上的障礙，因此他們需要特殊的課程規劃。

智能障礙的成因，可能是染色體或基因異常，或是在產前、產後發生傷害或疾病等因素所造成。此外，產前、產後的環境條件也會影響胎兒或幼兒在身心上的發展。

| 生理和行為特徵 | 其他可能因素 | 建議 |
|---|---|---|
| 1. 一般而言，在兒童的發展上呈現明顯落後的狀況，因此，有時可以說成是「發展」障礙。<br>2. 兒童早期發展的狀況通常落後同年齡的發展標準值。<br>3. 正常發展的順序不明顯〔如：七（個月大）坐八（個月大）爬〕。 | **胎兒酒精症候群／胎兒酒精效應／母體物質濫用**<br>早產兒的發展會比同齡兒童緩慢，一般而言，要到六至九個月時才會逐漸縮小發展的距離，然而有些早產兒甚至需要更久的時間。<br>**早產** | 備註：透過和不同兒童的互動，一般兒童都能從中獲益，習得不同的社交經驗。在認知和適應能力上有障礙的兒童，所處的環境如果有機會和一般正常的兒童互動，並從互動中觀察到正常兒童合乎年齡的行為表現及合宜的適應技巧，對於他們在社交及適應技巧上的學習會有所助益。 |

| 生理和行為特徵 | 其他可能因素 | 建議 |
|---|---|---|
| 4. 兒童很難記住所接觸的事情，他總是無法遵循簡單的日常規律。 | 兒童可能因文化上的差異而較少有日常活動的經驗，例如：自己穿衣服或是騎腳踏車。 | 在融合的學習環境中，所有的兒童都能夠接納個體之間的不同，同時學習去欣賞不同個體的獨特之處。 |
| 5. 智能障礙兒童對於日常生活中的小變化，以及面對新事物的應變，常令他無能為力而倍感挫敗。 | **文化差異對行為之影響（英語為第二外國語／英語為同源語）**<br>兒童如果身處在刺激較少的環境，或沒什麼和他人社會互動的機會，其正常功能的發展就會受影響。 | 備註：在規劃課程時，教師應讓兒童能參與每一次的活動，並且儘量提供與同儕正向的社交經驗。 |
| 6. 由於此類兒童維持注意力的時間短，因此在大部分的活動中不太能從頭持續參與到最後。 | | |
| 7. 由於溝通技巧的發展有限，字彙和／或文法（語法）的發展遲緩，使得兒童在說話時顯得語句不通順或不合語法。 | **說話和語言問題**<br>有些智能發展正常的兒童也可能會出現說話或語言上的問題。 | • 持續記錄兒童各方面發展的狀況（生理、社會、認知和情緒等方面）。<br>• 在進行新的課程活動時，需加強兒童反覆的學習與充分的練習。 |
| 8. 粗大動作和精細動作的發展落後。 | **腦性麻痺（輕度）** | • 口語的指令／指導內容要簡短、前後一致。 |
| 9. 兒童的學習速度比同齡兒童緩慢。 | 有些兒童長得比同齡兒童的標準高，或是年尾出生的兒童，有可能發展得比其他同年出生的兒童慢。 | • 運用簡單的字彙與簡短的語句。 |
| 10. 智能障礙兒童明顯缺乏同年齡兒童該有的生活自理與自我照顧的技巧。 | | • 對於兒童需學會的技巧，教師要不斷地示範給兒童看，且反覆教導每一個步驟。 |
| 11. 本身能力受限使得學習動機缺乏。 | 曾受到虐待或是在情感上經歷創傷的兒童，其智力功能可能較弱。 | • 在活動進行之前，需確實掌握兒童的注意力。 |
| 12. 學習的速度和記憶不穩定（時好時壞）。 | | • 運用「工作分析」模 |

| 生理和行為特徵 | 其他可能因素 | 建議 |
|---|---|---|
| 13. 兒童經常對於周遭環境一無所知，並且不會主動去探索環境。<br><br>14. 問題解決能力和應變能力有困難，不知道如何進行新的活動或是參與新的課程。<br><br>15. 社會／情緒的行為發展遲緩。<br><br>16. 像是分享和輪流等社會／適應技巧，在發展上是明顯落後於同齡兒童。<br><br>17. 兒童很少會主動開口要玩什麼遊戲，或是在遊戲的情境中提出自己的想法。<br><br>18. 兒童的外表或許會和同齡兒童不一樣。<br><br>*備註：如果兒童已被診斷出來為智能障礙，人員必須研擬出「因應計畫」，以期對於兒童的就學生活更有幫助。* | **虐待／受忽視**<br>**創傷後壓力疾患**<br><br><br><br>**行為／社會／情緒問題**<br><br>*備註：某些新進園所就讀的兒童，他們的出生資料可能不正確。*<br>*兒童若是少有機會與人互動，或是缺乏大人的引導，在社會技巧上的發展就可能比別的同齡兒童落後。* | 式，將一項技巧細分成數個連續的學習步驟，一次只進行一個步驟，待此一步驟學會之後再進行下一個步驟。*不要期望兒童能在同一時間內學會所有的學習步驟。*<br><br>• 如果有必要，應透過反覆地示範、教導來協助兒童學習。<br><br>• 當兒童表現良好時要立即增強，擁抱、口頭讚賞都是很好的方式，例如對他說：「你做得很棒！」或是直接說出他做得好的地方：「你釘子敲打得真好！」<br><br>• 經常運用多感官的學習管道進行教學，藉由視覺加上觸覺線索來輔助口頭的指導。<br><br>• 鼓勵兒童回答問題，這樣的學習方式可讓兒童重複練習教學的內容，增加學習的印象。<br><br>• 提供可以幫助兒童增進精細與粗大動作協調能力的活動。<br><br>• 鼓勵兒童學習生活自理與自我照顧技巧。 |

| 必問的重要問題 | 基本資訊 | |
|---|---|---|
| 1. 兒童的家長是否能敞開心胸，願意讓園所的人員和其他真正了解兒童情況的人聯繫 | 園所應該要找到：<br><br>• 曾服務過該兒童的機構名稱與協助者的姓名。<br><br>• 兒童特殊的需求──是 | |

| 必問的重要問題 | 基本資訊 | 建議 |
|---|---|---|
| （機構的專業人員或照顧兒童的保母、祖父母等）？這些資訊不可或缺，將有助於兒童能順利的融入正常學習的環境。<br><br>2. 園所是否能兼顧智能障礙兒童的個別化需求，以及其他正常兒童的學習需求？如果很難做到，應考慮該如何調整，以促進有效之融合。<br><br>3. 是否需要考慮到兒童的安全與健康的狀況——例如，兒童的移動能力需要別人的協助嗎？每天需要爬幾層樓梯？兒童如果坐輪椅，門的寬度是否能讓輪椅通過？<br><br>4. 兒童是否需要個別化的課程規劃？這樣的規劃對於人員來說是否實際可行？園所的環境是否能配合？如果答案是否定的，兒童是否能獲得其他額外的協助？<br><br>5. 兒童是否需要特殊的設備／輔助器材，而且能配合供應？ | 否有生理和／或醫療上的問題？他是否曾有同儕互動的經驗？<br>• 相關專業人員是否能進入園所來協助並建議教師如何規劃兒童的教學計畫？如果是，多久協助一次？<br>• 如果需要特殊的設備或用具來配合兒童的需求，是否有經費可供申請？<br>• 如果兒童的需求增加，是否有經費可以申請特教助理，或是提供教師接受特殊教育的在職訓練？<br>• 如果兒童有額外的特殊需求，例如：生理和健康方面常有狀況、需要多面向的課程規劃，這些狀況需要多方面的專業人員提供協助，那麼是否有這些資源可以讓園所來申請運用？ | 備註：如果兒童未曾接受過任何評估發展的評量，應建議他的父母儘快帶兒童去做相關的評估，如此才能讓教師有合理的期待，並能規劃出合乎兒童能力的計畫目標及教學程序。<br><br>• 確認兒童的優勢能力為何，以及在哪些方面的能力是需要很多的協助。試著運用兒童的優勢去克服他的弱勢，以降低障礙所帶來的影響。<br>• 鼓勵兒童的父母加入支持性的團體或組織，以尋求更多的協助。<br><br>鼓勵兒童的父母因應兒童的需要，向專業人員尋求協助，像是：<br>• 心理學家。<br>• 社工人員。<br>• 物理治療師。<br>• 職能治療師。<br>• 語言病理學家。<br>• 語言治療師。<br>• 兒童發展遲緩／失調的專業人員。<br>• 查詢兒童的狀況是否符 |

| 必問的重要問題 | 基本資訊 | 建議 |
|---|---|---|
| 6. 目前兒童的功能發展到幾歲的程度？團體學習的方式對於兒童的生理與功能發展是否有所助益？兒童會自行如廁嗎？如果兒童還不會自行上廁所，是否有如廁訓練的輔助設施可利用？<br><br>7. 父母對園所的期望是什麼？對兒童的期望是什麼？他們的期望合乎實際嗎？心理學家、社工人員、相關專業人員等，若能居中支援協調，讓父母的期望是切實可行的，應能讓兒童的融合教育更成功。<br><br>8. 老師和家長是否清楚社區中有哪些特殊資源，可以幫助兒童更順利地融入團體的生活？ | | 合申請身心障礙手冊的標準，以期得到更多的特殊教育服務與社會福利。 |

## X染色體脆弱症候群
（Fragile X Syndrome）

**X染色體脆弱症候群**是X染色體中的特定基因發生異常所造成，這種異常的狀況會導致智能障礙以及特定的生理特徵。

| 特定的特徵 | 必問的重要問題與可獲取的資訊 | 處遇／照顧／教育 |
|---|---|---|
| 1. 男童發生率較女童高，而且症狀較嚴重。<br>2. 可能連帶罹患其他症狀，例如：自閉症、普拉德－威利症候群（Prader-Willi syndrome）、注意力缺陷／過動症等。<br>3. X染色體脆弱症候群是無法治癒的。 | 每個兒童的症狀各異，園所必須先確認以下事項：<br>1. 兒童的動作能力的程度如何？<br>2. 兒童已訓練如廁的能力嗎？<br>3. 兒童已發展出哪些口說能力？<br>4. 兒童是否有其他溝通的方式？<br>5. 兒童會出現（癲癇）發作的現象嗎？如果會，發作的頻率如何？如何處理？<br>6. 兒童是否有其他醫療上的狀況需要園所配合處理？ | 愈早確認兒童罹患X染色體脆弱症候群，早期的特殊照護、處遇及教育目標就能愈早訂定，因此介入得愈早對兒童的影響愈大，幫助也愈多。<br><br>有時候，兒童種種的特徵與異常表現都是因X染色體脆弱症候群所引起，但是他卻尚未接受過任何正式的診斷，因此建議父母帶兒童去找專業醫師做專業醫療上的評估是很重要的。 |

### 生理特徵

X染色體脆弱症候群的症狀在出生時並未出現，它會隨著年齡的增長，在生理上的特徵愈明顯，而且男童的特徵比女童明顯。生理特徵包括：

1. 頭部大、臉部長又窄、前額及下巴突出、雙耳較大。
2. 肌肉張力低。
3. 關節活動度大。
4. 斜視。
5. 上顎突出。
6. 胸部凹陷。
7. 扁平足。

| | 必問的重要問題與可獲取的資訊（續） | 處遇／照顧／教育（續） |
|---|---|---|
| | 7. 兒童目前有服用任何藥物嗎？如果有，需要多久服用一次？<br>8. 兒童是否有和其他兒童社會互動的經驗？如果有，需進一步說明。<br>9. 兒童是否有特別喜愛的玩具或喜好？如果有，可以擴展他的喜好，並鼓勵他對於自己喜愛的玩具可以有不同的玩法。<br>10. 兒童是否曾有異常害怕的反應？兒童是怎麼表達的？ | 由於兒童的行為表現有很大的個別差異，因此每個兒童的計畫目標都不相同。有些相關計畫的訂定與考量，請參閱本書以下單元的相關建議：<br>**自閉症候群**<br>**注意力缺陷／過動症**<br>**擴大性溝通系統（見腦性麻痺）**<br>**行為／社會／情緒問題**<br>**脊椎彎曲**<br>**癲癇**<br>**先天性心臟異常**<br>**智能障礙**<br>**學習障礙（感覺統合失** |

| 發展特徵 | 必問的重要問題與可獲取的資訊 | 處遇／照顧／教育 |
|---|---|---|
| 1. 雖然X染色體脆弱症候群在出生時尚未出現相關的生理徵狀，但是在成長的過程中，各方面的發展明顯落後。<br><br>2. 認知能力與溝通技巧的發展顯著落後。<br><br>3. 感覺統合嚴重失調。<br><br>4. 在社會、情緒、行為方面都有問題。雖然患有X染色體脆弱症候群兒童大多都喜歡與人交際，但是對於不熟悉的人則容易顯得害羞與不安。經常會出現發脾氣、避免眼神接觸，以及重複的身體動作等。<br><br>5. 此類兒童大多數會有注意力缺陷、過動、和／或衝動行為。<br><br>**可能衍生的醫療問題：**<br>1. 吸吮的問題。<br><br>2. 消化不良──打嗝或嘔吐。<br><br>3. 耳部和鼻竇的感染。<br><br>4. 視力的問題。<br><br>5. 脊椎彎曲。<br><br>6. 關節脫臼。<br><br>7. 心臟問題。<br><br>8. 急發作（癲癇）。 | 11. 兒童是否有過動或衝動的傾向？當這些行為出現時，家中的成員如何應對與處理？ | 調）<br>**動作問題**<br>**說話和語言問題**<br>**視覺障礙**<br><br>建議兒童戴上醫療警示用手環（medic alert bracelet）。<br><br>與兒童目前有接受相關服務的組織或機構建立溝通管道並保持密切的聯繫。<br><br>如果兒童父母尚未加入任何支持性的團體，可以協助父母加入一個合適的團體。 |

| 發展特徵 | 必問的重要問題與可獲取的資訊 | 處遇／照顧／教育 |
|---|---|---|

**唐氏症**（三染色體 21）
Down Syndrome
（Trisomy21）

**唐氏症**的成因是由於染色體的異常（第21對染色體多出了一個），在出生時即出現明顯的生理特徵，並伴隨有輕度至重度不等的智能障礙，男女童皆有可能發生。唐氏症是無法治癒的。

| 生理特徵 | 基本資訊 | 建議 |
|---|---|---|

**生理特徵**

並不是每位唐氏症兒童都有以下所列舉的每一項特徵，需視兒童的個別狀況而定：

- 四肢鬆軟無力。
- 身材矮小。
- 關節活動度大。
- 頭小且圓，頭頸後部（枕骨部）扁平。
- 眼睛外部向上傾斜，眼睛內角通常有內皆贅皮層。
- 鼻樑扁平，鼻子小，在臉部的位置較低。
- 嘴巴小，舌頭因肌肉張力低而經常伸出口外。
- 耳朵小，耳型發育異常。

**基本資訊**

唐氏症兒童的呼吸道容易感染，包括眼、耳、鼻、喉嚨和支氣管，因此，內科醫師會讓一些唐氏症兒童花較長的時間使用抗生素來治療感染。

大約有半數的唐氏症兒童會有**先天性心臟異常**或／和腸異常。

在醫療照護、處遇及提供嬰兒刺激等方面的早期介入非常重要，許多唐氏症兒童在年紀較小時會出現學習的高峰期。因此，在兒童早期階段充分提供刺激學習的遊戲、認知、語

**建議**

唐氏症兒童在個性上大多都是友善且喜歡與人互動，因此他們在學前階段幾乎已具備基本的社會互動技巧。

所有的年幼兒童都需要學會規範、分享、輪流，以便在不同的環境中表現合宜的行為與說話的語氣等。雖然有時候會花費較長的時間來幫助他們學習適當的行為，但是運用這些技巧幫助唐氏症兒童學習與維持這些基本的行為規範是很重要的。

許多唐氏症兒童容易表達

| 生理特徵 | 基本資訊 | 建議 |
|---|---|---|
| • 頸後有贅皮。<br>• 手掌粗短，一手或雙手有「斷掌」的現象。<br>• 手指與腳趾較短。<br>• 第5手指變形。<br>• 大腳趾與二腳趾的間距較寬。<br>• 腳底有不正常的皺褶。 | 言和社會互動的機會特別重要。 | 情感和信賴他人，因此要和家長共同協助兒童去了解什麼時候可以信任大人，什麼時候是不可以隨便信任大人的（例如：一定要在街頭測試兒童能否判斷可信任的情況，特別是在熱鬧的市區）。 |

| 行為／社會／情緒特徵 | 必問的重要問題與可獲取的資訊 | |
|---|---|---|
| • 兒童幼年至成年的各項生理發展都呈現明顯的落後。<br>• 智能與溝通技巧能力發展的障礙程度自輕度至重度都有可能。<br>• 學習上可能有輕度至重度的障礙。<br>• 通常表現出生活愉悅、友善的性格，會主動與人示好。<br>• 可以發展出生活適應技巧與早期的學科技能，但是日後的發展狀況則因人而異，會有顯著的個別差異。 | 1. 有任何症狀需要園所特別留意的，像是心臟問題、腎臟問題等等？要確認如何調整課程的規劃以符合兒童的特殊需求。<br>2. 兒童需要按時服藥嗎？如果需要，應先問清楚相關細節。<br>3. 試著蒐集兒童之前與人互動經驗的概況（對象包括手足、親戚、玩伴），這樣不僅可以更加了解兒童互動技巧的程度，另一方面，若是兒童先前缺乏社會互動的經驗，教師也能事先在教學上做相關的準備。此外，也要讓父母預先知道，兒童剛進入園所，呼吸系統 | 為兒童訂定個別化的課程規劃，可參考**智能障礙**單元中的相關建議，另外還可參閱以下單元：<br>• **擴大性溝通系統（見腦性麻痺）**<br>• **行為／社會／情緒問題**<br>• **癲癇**<br>• **聽覺障礙**<br>• **先天性心臟異常**<br>• **腎臟和膀胱失調**<br>• **學習障礙（感覺統合失調）**<br>• **白血病（血癌）**<br>• **動作問題**<br>• **視覺障礙**<br>• **說話和語言問題** |

| | 必問的重要問題與可獲取的資訊 | 建議 |
|---|---|---|

的感染次數一定會增加，必須等到免疫力逐漸建立之後情況才會好轉。

4. 詢問兒童是否已接受流感疫苗和肺炎鏈球菌疫苗的注射，同時要確定在嬰幼兒時期該接種的各項疾病預防的疫苗是否已施打完成。

## 普拉德—威利症候群（Prader-Willi Syndrome）（PWS）（俗稱小胖威利症）

**普拉德—威利症候群**是一種罕見的先天性基因缺陷，其致病原因是自胚胎形成時，第15號染色體中因缺乏某種物質所導致。它不是遺傳性疾病，任何性別、種族都有可能會發生，而導致發展上的異常與不協調。此症可以在出生前或出生後檢測出來。

患有普拉德—威利症候群的兒童，出生時的肌肉張力非常低，經常被稱為「低張力」嬰兒（"floppy" babies），因

此，吸吮能力極差，在嬰兒時期常需以鼻胃管餵食。然而進入學前階段時，已能正常進食，並且食量大，體重急速增加。

由於基因變異，丘腦下部（腦下垂體）功能缺陷，使得兒童一直存有飢餓感，怎麼吃也吃不夠。普拉德—威利症候群兒童的食慾抑制能力有顯著的困難，因此，控制體重的唯一解決方法就是嚴格控制他們只能攝取低卡的飲食。

通常普拉德—威利症候群臉部有獨特的特徵，以及輕度到重度不等的智能障礙，和／或學習上的困難。

| 特定的生理特徵／症狀 | 生理和情緒行為與基本資訊 | 建議 |
|---|---|---|
| 患有普拉德—威利症候群的嬰幼兒的生理特徵有： | 患有PWS的兒童在生理行為上有顯著的特徵： | 若能提供良好的健康照護（預防體重增加）、支持性處遇，以及結構化的特殊教育課程，大多數普拉德—威利症候群兒童能擁有正常的生活及壽命。 |

**特定的生理特徵／症狀**

患有普拉德—威利症候群的嬰幼兒的生理特徵有：

- 肌肉張力低（小兒肌張力減退）。
- 餵食困難（吸吮能力差）。
- 缺乏嘔吐反射動作。
- 嬰兒時期嗜睡。
- 身材短小。
- 手腳較小。
- 生殖器官發育不全。
- 很高的痛覺閾（對痛覺反應遲鈍）。
- 動作發展遲緩，或是有動作方面的問題。
- 智能障礙（從輕度到重度都有可能）。
- 語言發展遲緩。

**貓鳴症候群Cri du Chat Syndrome**

**貓鳴症候群**是一種相當罕見、嚴重的基因疾病，在第5對染色體內短臂基因的缺損或位置錯誤所導致。基因的缺損常會造成發展異常，任何種族或性別都有發生此症的可能。

貓鳴症候群的成因不明，並非遺傳所造成的疾病，此症在出生前或出生後可藉由血液檢測確認。

**生理和情緒行為與基本資訊**

患有PWS的兒童在生理行為上有顯著的特徵：

- 容易暴怒。
- 喜歡攻擊他人。
- 固執。
- 反覆、僵化的想法、言詞和行為（強迫性的衝動行為）。
- 摳抓皮膚。

所有患有PWS的兒童：

- 有極強的食慾。
- 父母或主要照顧者為要防止PWS兒童偷吃食物，需要將所有能拿到食物的管道都封鎖，因為一直上升的體重會讓PWS兒童面臨高血壓、呼吸困難、糖尿病等等的風險。

**建議**

若能提供良好的健康照護（預防體重增加）、支持性處遇，以及結構化的特殊教育課程，大多數普拉德—威利症候群兒童能擁有正常的生活及壽命。

如果班上有兒童出現一些疑似普拉德—威利症候群的行為或症狀時，應請家長請教兒童的專科醫師，進行基因醫學方面的篩檢工作。

請參閱以下單元的相關建議：

- 擴大性溝通系統
- 自閉症候群
- 行為／社會／情緒問題
- 脊椎彎曲
- 糖尿病
- 先天性心臟異常
- 智能障礙
- 學習障礙
- 動作問題（粗大和精細）
- 營養不良
- 感覺統合失調
- 說話和語言問題

| 生理和行為特徵 | 基本資訊 | 建議 |
|---|---|---|
| 罹患此症的兒童通常在出生後不久即可診斷出來，第一個特徵即是像貓一樣高音調的哭聲，並且在日後會出現嚴重的發展與動作上的障礙，包括： | 貓鳴症候群是非常罕見的疾病，患有此症的兒童身體通常非常衰弱。 | 如果園所內有年幼的嬰孩有發展遲緩的問題，而且哭聲像貓叫一般，務必請家長諮詢專業醫療人員，針對相關問題提出看法與建議。 |

生理和行為特徵：

- 肌肉張力低（小兒肌張力減退）。
- 頭部小（畸形小頭）。
- 臉部特徵包括：雙眼眼距寬、鼻子較寬、耳位低、下巴小、頸部短等等。

基本資訊：

罹患此症的多數兒童會有以下狀況：

- 智能和學習方面的障礙（中度至重度）。
- 語言發展的問題（語言接收的能力比語言表達的能力好）。
- 動作技巧的發展遲緩。
- 有自傷的行為。
- 生活自理能力有限。
- 社會互動有困難。

可能衍生的醫療問題包括：

- 週期性的上呼吸道感染。
- 牙齒的問題。
- 心臟缺損。
- 肌肉張力弱。
- 餵食困難。

備註：貓鳴症候群是無法治癒的，然而透過完善的醫療照顧與監督，此症的患者是能維持正常的壽命。

建議：

貓鳴症候群通常在嬰兒時期就可被診斷出來，因此患有此症的兒童進入園所接受服務時，應要有一群熟悉此症的醫療專業人員提供協助，以了解兒童的優勢、弱勢，以及特定的需求。

請參閱以下單元的相關建議：

- **自閉症候群**
- **擴大性溝通系統**
- **行為／社會／情緒問題**
- **智能障礙**
- **動作問題（粗大和精細）**
- **營養不良**
- **感覺統合失調**
- **說話和語言問題**

備註：早期療育和合適的個別化發展計畫能協助兒童擁有更好的生活品質。

# 腎臟和膀胱失調
## KIDNEY AND BLADDER DISORDERS

**腎臟和膀胱失調**會影響身體泌尿系統正常運作的功能，造成此類問題的原因很廣泛，從細菌感染到生理功能異常都有可能。

| 生理和行為特徵 | 其他可能因素 | 建議 |
|---|---|---|
| 這類兒童可能會出現： | 兒童處在情緒壓力之下有時會出現退化的行為，甚至出現大小便失禁的現象。 | • 試著去了解兒童的生活是否有了新的變化，像是家中多了一個新生命、家長長期出遠門或離開家庭、父母之間關係緊張、或是家庭成員中有人去世。當兒童的生活出現類似以上的狀況時，會出現退化的現象。 |
| 1. 頻尿或膀胱失禁，並且在腎臟部位有持續的疼痛（兩側腰部靠近後背的地方）。 | | |
| 2. 排尿時有灼熱感或疼痛感。 | 有些兒童太融入活動而忘記該上廁所，等到自己想要去廁所時已經來不及而尿濕褲子。 | |
| | **先天性心臟異常** | |
| 3. 出現全身性的腫脹──眼睛、腹部、腳或腳踝部位。 | | |
| 4. 失去活力。 | **營養不良** | • 如果兒童常會忘記去上廁所，可以幫他訂定一張固定如廁的時間表作為提醒。 |
| 5. 食慾不振。 | 肝功能不全 | |
| 6. 下腹部疼痛（膀胱感染）。 | 特定型態的腫瘤，特別是在腎臟部位〔畏母氏腫瘤（Wilms tumor）〕。 | • 如果兒童不小心尿濕或排便在褲子裡，千萬別大驚小怪或予以斥責。 |
| | **糖尿病** | |
| 7. 發燒和／或頭痛。 | 有些兒童大約到小學中年級階段才逐漸改善尿床的現象，這通常是受遺傳所影響，可從父母其中一方，或是父母的手足詢問是否他們在小時候曾有這 | • 確認兒童已攝取足夠的水分並且鼓勵他按時去上廁所（即使他抱怨排尿會痛）。 |
| 8. 早晨起床雙眼浮腫。 | | |
| 9. 每日的排尿量減少，尿液的顏色可能呈現煙灰色、茶褐色或是紅色。 | | *備註：多數兒童在接受治療之後都能完全地治癒。治療的方法通常包括臥床* |

K

| 生理和行為特徵 | 其他可能因素 | 建議 |
|---|---|---|
| 10. 尿床。 | 樣的情況。<br>膀胱功能發展較慢。 | 休息、搭配特定飲食，以及適合的藥物。<br><br>必要時是需要進行手術的。透過驗尿的程序可以檢測是否疾病已治癒。 |

### 必問兒童父母的重要問題

1. 這種生理行為型態是之前從未發生過，或是他們之前已經發現兒童有這樣的狀況？（例如：頻尿、每次排尿量少、兒童抱怨排尿疼痛等等）。

   如果家長有意識到兒童出現以上類似的問題，園所人員務必建議他們帶兒童去醫療院所做檢查。

2. 兒童的生活是否出現新的壓力或是任何的改變？

# 鉛中毒
## LEAD POISONING

**鉛中毒**是由於體內含鉛濃度達到一定的程度後所引發的中毒現象，可經由皮膚吸收、消化道食入，或是呼吸道吸入。鉛中毒會影響人體諸多器官的正常運作，導致大腦、神經、紅血球、消化系統等方面的傷害，造成永久性的發展缺陷。

由於兒童接觸含鉛環境的機會多、對鉛的吸收度和敏感度更高，使得兒童鉛中毒的問題較成人嚴重。鉛可以在兒童的骨頭、軟組織內留存許多年而無法排出體外。

鉛中毒的影響可能在兒童早期階段尚不明顯，當兒童開始進入學校，需要更多學習的能力與專注力時，鉛中毒的傷害就會愈來愈明顯。

胎兒時期也會有鉛中毒的可能。

| 生理特徵 | 其他可能因素 | 建議 |
| --- | --- | --- |
| 1. 如果兒童在胎兒時期或是出生後高度暴露在含鉛的環境中，兒童的腦部會受到傷害，出生後的兒童可能會經由母乳而吸入過多的鉛。 | 產前創傷 | • 如果懷疑園所內某兒童有鉛中毒的跡象，簡單的血液檢驗即可確定是否為鉛中毒。<br>• 如果確定有鉛中毒的現象，要徹底找出接觸的來源。 |
| 2. 由於鉛會干擾體內鈣質的吸收，所以兒童的牙齒、骨頭，以及神經系統的發展都深受影響。 | 懷孕期母親的飲食不均衡<br><br>壓力 | **環境中鉛含量的控制**<br>如果環境有被鉛污染的可能，應對兒童進行以下的預防措施：<br>• 經常洗手，尤其是在進食前。 |
| 3. 鉛會妨礙身體正常的新陳代謝功能（Metabolism），進而 | 其他因素導致的新陳代謝異常。 | • 保持兒童指甲的清潔。 |

| 生理特徵 | 其他可能因素 | 建議 |
|---|---|---|
| 導致身體許多的系統功能以及組織發展上的異常。 | | • 不要讓兒童吃進掉在地板或地上的食物。 |
| 4. 鉛中毒經常伴隨的身體症狀包含： | | • 兒童玩耍的地方要遠離車流量大的地區。 |
| • 貧血。 | | • 購買有上色的玩具時，務必要先確認染料是無鉛的，或是使用無毒的染料或著色劑。當玩具上的顏色出現剝落現象時，最好就要把玩具丟掉。 |
| • 便秘或腹瀉。 | | |
| • 噁心、嘔吐。 | | |
| • 腹痛。 | 腸胃問題 | |
| • 頭痛。 | | |
| • 聽力損失。 | | |
| • 疲勞。 | | • 對於會吃下不可食用物品的兒童要多加留意（異食行為）。 |
| • 關節和肌肉無力且疼痛。 | 關節炎 | |
| • 臉色蒼白。 | | • 如果兒童遊樂區域的土壤懷疑受鉛污染，務必要請專家檢測。* |
| • 食慾不振。 | | |
| • 異常發作。 | | • 將受污染的泥土移除，並鋪上草皮或木屑。* |
| • 昏迷，更甚者會死亡。 | | • 確定校園中任何有剝落的金屬管子或牆面，表面已全面刮除並重新刷上無鉛的漆。* |

### 學習和行為問題

| | | |
|---|---|---|
| 兒童在產前或產後攝入過多的鉛可能出現以下狀況： | 受環境影響 | • 委請環境檢測專家為校園的情況作檢查，並且做好修復的工作。 |
| 1. 無法表現出本身所具備的潛在能力，出現智能及學習方面的障礙。 | 遺傳性疾病，像是特艾—賽克斯氏病（Tay-Sachs）（是一種退化性疾病）。 **智能障礙** | |

| 學習和行為問題 | 其他可能因素 | 建議 |
|---|---|---|
| 2. 在發展上有全面性的遲緩或退化。 | 學習障礙<br>虐待／受忽視 | |
| 3. 協調能力差。 | 腦瘤 | |
| 4. 反應緩慢。 | 動作的問題 | |
| 5. 易興奮、易怒。 | 學習障礙（感覺統合失調） | |
| 6. 攻擊性行為疾患。 | 對立性反抗疾患 | |
| 7. 不適當的社會性行為。 | 行為／社會／情緒問題 | |
| 8. 說話和語言問題。 | 說話和語言問題 | |
| 9. 聽力損失。 | 聽覺障礙 | |
| 10. 注意力集中有問題。 | 注意力缺陷／過動症 | |
| 11. 資訊處理困難。 | | |
| 12. 學習障礙。 | 學習障礙 | |
| 13. 過動。 | | |

## 鉛中毒的已知因素

**傳遞媒介**。鉛的傳遞經由以下途徑：

• 水。

• 塵埃。

• 泥土。

• 食物。

**鉛中毒的來源**
**在家中／學校**

1. 鉛管或是老舊的茶壺會讓飲水受到鉛的污染。

2. 盤子上有含鉛的釉料會增加鉛中毒的危險。

3. 在管子上、牆上，以及老舊的玩具上有剝落的含鉛塗料，嬰幼兒可能會不小心吞食進去。

| 鉛中毒的已知因素 |
| --- |

4. 經常使用含鉛的首飾、鑰匙圈、髮夾，以及其他個人配件。（備註：高含鉛量的物品會比較重，顏色偏暗灰，而且表面有上色的物品，在堅硬的表面摩擦後會現出灰色底層來）

5. 喜好運用含鉛塗料的人，在使用上務必小心處理。

6. 香菸和壁爐燃燒所產生的煙會釋放鉛在空氣中。

7. 老舊房屋因整修所做的刮除、燃燒或磨光等工作，通常會在房間內的空氣中產生大量危害健康的鉛。

8. 有時父母的職業會讓兒童暴露在含鉛的環境中。

9. 一些特定的民間藥物和傳統的化妝品含有大量的鉛。

**家中以外**

兒童可能會暴露在：

1. 受污染的泥土或雪中。

2. 污染土質所栽種出來的蔬菜和水果。

3. 含鉛汽油所排放的汽車廢氣。

4. 如果長期處在車流量高的高速公路和加油站附近（兒童住在附近），就會有吸入過量鉛之虞。

備註：現今，家用的漆料和車用的汽油都是無鉛的，家中的管道裝置也不再使用鉛管。然而我們仍然要注意，在生活周遭中的某些環境依然存有這種有害的物質。

此外，要注意：鉛是不會自然分解的，所以在還沒有從環境中移除含鉛物品時，污染的問題是一直存在的。

# 學習障礙（特定型學習障礙）
## LEARNING DISABILITIES（Specific Learning Disorders）

有**學習障礙**的兒童在理解或說話／或書寫能力上有困難，他們可能在聽取能力、訊息處理、交談、閱讀、書寫、拼讀和／或數學等能力方面出現問題。學習障礙兒童的智商通常是落在平均值或是平均值之上，出現率是不分種族和社經地位，通常男生的出現比例大於女生。

對於較年幼、學前階段的兒童，很難確認他們是否在學習上有障礙，不過可以先從一些入學前的先備技巧上去做初步判定──例如，學習障礙兒童通常會在獲得、處理和保留資訊等方面出現明顯的問題，以及在粗大和／或精細動作發展有困難，同時可能在視知覺、聽知覺、觸覺、肌肉運動知覺上有異常的問題。此外，表達和接收語言上的問題可作為最早判別學習障礙的指標。當兒童到了入小學的年齡，我們會期待兒童具備學習課業的技巧，如閱讀、寫字、數學等，此時兒童若是在這些方面出現問題，就會比較明顯。

**閱讀障礙**（Dyslexia）──閱讀有困難，包括對於文字的認讀會產生方向辨認的困難，書寫時也會如此；**數學障礙**（Dyscalculia）──計算與理解數學有障礙；**書寫障礙**（Dysgraphia）──用文字書寫來表達有困難──以上名稱都是用來描述特定型的學習障礙。

| 生理和行為特徵 | 其他可能因素 | 建議 |
| --- | --- | --- |
| • **精細和粗大動作技巧普遍發展遲緩。**<br>這類兒童可能會：<br>1. 動作上感覺較笨拙，容易被絆倒，在需要身體左右協調的活動上出現困難，像是攀爬、騎三輪車等等活 | 發展晚熟<br><br>**智能障礙** | • 詢問父母兒童在家中的行為和作息情形。<br>• 持續記錄兒童的發展狀況，並試著去找出兒童出現問題的特定領域。<br>• 針對兒童出現問題的領域提供必要的協助，例如： |

| 生理和行為特徵 | 其他可能因素 | 建議 |
|---|---|---|
| 動。 | | － 標示出拼圖圖形以增加成功經驗。 |
| 2. 因為在深度的知覺上有障礙，所以對於高度會產生恐懼，可以從溜滑梯、盪鞦韆，以及攀爬器材的活動上觀察到。 | | － 在環境中提供線索或畫出記號，以幫助兒童改善其定向能力。 |
| | | － 運用吹泡泡來練習兒童抓物的技巧。 |
| 3. 在判斷球的方向與何時該做反應的能力有問題，因此，在接球、踢球的活動方面表現不佳。 | **注意力缺陷／過動症** | － 以彈簧墊來鼓勵兒童彈跳，運用簡單的超越障礙物訓練來提升兒童的平衡感和空間定位感。 |
| 4. 方向感不佳，對於自己去過的地方很難記得方位。 | | － 運用大握柄的畫筆來協助兒童握得更穩。 |
| 5. 較難分辨聲音從何處傳來。 | | － 使用較粗的彩色筆或蠟筆。 |
| 6. 聽到的聲音比別人來得大聲，會干擾兒童專心或專注在一項活動上的能力。 | **頭部外傷** | － 使用較厚的紙張，不易被撕破。 |
| | | • 試著將一份工作或指定的活動分解成數個小步驟，指導兒童的內容要簡單明瞭。 |
| 7. 在穿衣、進食、穿鞋等方面的生活自理能力發展較慢。 | 有些兒童形成慣用手的發展過程會比其他兒童慢。 | • 如果有需要，直接牽著兒童的手做正確的學習。 |
| 8. 尚未建立用手的偏好──畫圖時，時而用左手、時而用右手持蠟筆；可用右手或用左手拿著湯匙或叉子進食。 | 假如成人一直認為兒童的慣用側是右邊，慣用左手的兒童可能在發展上會比較緩慢，例如：成人會把要拿的東西放在右邊，或是只提供右手使用的剪刀等。 | • 對兒童抱持合理的期待，不要強迫兒童去做能力所不及的事。 |
| 9. 抓握的能力較笨拙，像是握蠟筆、彩色筆、鉛筆或使用剪刀 | **動作的問題** | • 試著建立兒童的自尊心，讓兒童在自己的優勢領域中，擁有成功的經驗。 |

L

| 生理和行為特徵 | 其他可能因素 | 建議 |
|---|---|---|
| 的技巧都不佳。 | | • 製造一些讓其他兒童可以和學障兒童互動的機會。 |
| 10. 使用寫字工具時，手部會搖晃或是肌肉不能放鬆。 | **腦性麻痺** | • 試著發掘兒童在特定領域的優勢能力，並運用優勢能力協助發展能力有困難的領域。 |
| 11. 在上色、剪裁和黏貼的活動上，呈現較差的協調性。 | 如果兒童的生日是該年段的後期（在台灣的學制裡，每年的9月1日到次年的8月31日為同一個年段），他的表現便會比其他較年長的兒童不成熟。 | • 在團體活動中，試著找到合乎兒童發展程度的角色，以利兒童更能融入團體，增進互動的機會。 |
| 12. 從兒童所畫的圖畫中，可看出兒童發展不成熟。 | | |
| 13. 從兒童的拼圖技巧上可知理解能力不足。 | **早產**<br>缺乏獲得此類技巧的經驗。 | • 嘗試在每日的課程活動裡，加入一些讓兒童需要練習的技巧，而不必將他自團體中抽離教學。 |
| 14. 在進行積木堆疊活動、操作配對組合玩具和／或可拼湊的組合片，或是將某物放在指定的地點時，會出現許多困難，顯示兒童的協調技巧與理解能力不佳。 | **視覺障礙**<br>**聽覺障礙**<br>**動作的問題** | • 運用具體的實物來呈現不同的感覺形式（視覺、聽覺和觸覺）。 |
| 15. 手眼協調能力差，使得兒童無法有結構性的堆疊物品或著色。 | | • 降低分心的可能（例如：背景音樂，或是在兒童面前有過多鮮明、有趣的物品，都會增加他分心的可能），特別是在教導一項新技能時更需要專注的環境。 |
| 16. 在進行著色、畫圖、進食或拼圖時，無法超越自己的中線（從身體中間，假想有一條自頭部延伸到腳指頭的線）。 | | • 提供兒童特別的學習策略，可以運用圖片或圖表將必要的學習步驟視覺化，幫助兒童理解。 |
| 17. 即使其他兒童已學會左右的概念，學障兒童還是左右分不清 | | • 藉由減少選擇的項目讓 |

| 生理和行為特徵 | 其他可能因素 | 建議 |
|---|---|---|
| 楚。 | | 兒童更容易對問題做決定。 |
| 18. 聽取一連串的指令有困難，例如：「請拿著鉛筆到這裡來，再拿出紙和剪刀來。」 | 行為／社會／情緒問題 | • 給予兒童的工作份量，務必要比其他兒童少。<br>• 設計的作業內容是兒童能勝任愉快的，然後再逐漸增加難度。 |
| • **學前／學科學習技巧（Pre-academic/Academic skills）低於預期發展程度。**<br>這類兒童可能會： | | • 提供增強和獎勵，獎勵板、獎品和口頭讚賞都能提高兒童的學習動機。 |
| 1. 不同領域的能力發展不平均。（在某個領域的能力可能超前，但是在另一個領域可能發展落後） | 乏人教導或是缺乏學習的機會。 | • 每項作業的完成時間要簡短。 |
| 2. 即使兒童在各方面的能力表現不一致，但他還是會讓人覺得他聰明伶俐。 | **文化差異對行為之影響（英語為第二外國語／英語為同源語）** | • 兒童要安排坐在靠近老師的位置，以利老師隨時監控兒童的作業情形，並視需要提供協助或鼓勵。 |
| 3. 學會說話的年齡較晚。 | **早產**<br>**智能障礙** | • 作息時間儘量固定，如果有變動的情形，務必事先告知兒童。 |
| 4. 說出來的內容較不成熟。 | 可能因手足的嘲弄或是父母不合理的期待，讓兒童覺得自己沒有能力回答問題。 | • 清楚陳述相關的規定和要求，如果已建立行為後果的相關獎懲，就要持續執行下去，不可半途而廢。 |
| 5. 不太主動問問題。 | | |
| 6. 針對問題所回答的內容是不恰當的。 | | • 巧妙運用布偶配合說故事的方式，幫助兒童覺察自己的感受和情緒。 |
| 7. 在說話時，使用合適的用詞出現困難，可能會運用相關聯的詞，像是「挖洞」說成「劇洞」。 | 兒童可能和同儕團體在一起時倍感壓力，或是他所看重的朋友，其能力是遠遠超越他的。 | • 對於兒童的不專注予以忽視，並增強他專注在工作上的行為。 |

| 生理和行為特徵 | 其他可能因素 | 建議 |
|---|---|---|
| 8. 說話太輕或是太大聲。 | | • 鼓勵兒童和數個同儕隨時都有互動的機會，監控他們互動的情形，如果兒童有傷害其他同儕的舉止，老師糾正的口氣要嚴正且態度要堅持。 |
| 9. 因為有語句排列或文法的問題，所說的話或所用的語言讓人難以了解。 | 可能受到家庭的壓力所導致，諸如：死亡、離婚、父母失業、經常搬家或是父母教養技巧不足。 **聽覺障礙** | |
| 10. 視覺和聽覺功能正常，卻在視覺和聽覺訊息的處理上出現明顯的問題。 | | 參考**動作的問題**單元相關的建議。 |
| 11. 對於簡單的指令、有兩個步驟的指令，或是每日的常規會不予理會或是感到困惑。 | | 被診斷有**感覺統合失調**的兒童（參閱**學習障礙**單元）通常已接受專業人員的相關服務（例如：職能治療師）。 |
| 12. 時間和空間觀念模糊。 | | |
| 13. 辨認顏色、形狀、數字和字母有困難。 | | 園所人員應有合格的專業人員持續提供指導，專業人員能充分了解感覺統合失調兒童的特殊需求與如何協助規劃合乎兒童需求的教學方案。 |
| 14. 依照正確數序數數，以及學習數量概念有困難。 | | |
| 15. 韻文學習有困難。 | | |
| 16. 指示性用語的運用有困難，例如：「更多」、「更少」、「相同」、「之前」、「之後」、「在下面」。 | | |
| 17. 無法從閱讀或聽故事之中享受到樂趣。 | | |
| 18. 對於一個簡單的故事，無法有條理的說出故事發生的順序。 | **文化差異對行為之影響（英語為第二外國語／英語為同源語）** | |

| 生理和行為特徵 | 其他可能因素 | 建議 |
|---|---|---|
| 19. 對於覆述剛才所聽到的內容會有困難。 | | |
| 20. 如果所提供的圖片比較複雜，就無法找出指定的物品。 | | |
| 21. 即使智能中等甚至中等以上，學科表現普遍不佳。 | 缺乏充足睡眠；生理健康問題 | |
| 22. 學習字母、數序、一星期的命名、顏色名稱、形狀，以及拼寫自己的名字會有困難。 | 說話和語言問題<br>聽覺障礙<br>視覺障礙 | |
| 23. 閱讀能力顯著低下。 | | |
| 24. 學習上，普遍有獲取、處理及保留資訊方面的問題。 | 虐待／受忽視 | |
| 25. 在認知技巧與理解技巧之間有明顯的差異，例如：兒童可以認讀詞或句子，但是卻不理解他所讀出來的內容。 | 智能障礙 | |
| 26. 當他在講述自己的經驗或編造一個故事時，不能解釋自己的看法或是讓自己的想法更有組織性。 | 說話和語言問題 | |
| 27. 書寫作業需花很多時間來完成。 | | |
| 28. 寫出字母順序的能力不佳。 | 動作的問題 | |

| 生理和行為特徵 | 其他可能因素 | 建議 |
|---|---|---|

29. 拼字有困難。

30. 數學學習困難。

31. 拼字發音有困難。

- **學習、社會和情緒行為的表現通常不夠成熟。**

這類兒童可能會：

1. 尚未發展出幫助自己學習的策略。

2. 易衝動，未經思考很快就下決定。

3. 拒絕嘗試，容易放棄或是有預期失敗的心理。

4. 對於學習的活動缺乏動機，感到無趣。

5. 無法將學習類化到新的情境或是類化能力有限。

6. 不是一個獨立學習者，通常需尋求大人或同儕的指導。

7. 集中注意力的時間短。

8. 容易分心，坐著發呆像是在作白日夢。

9. 會忘記每日例行的課程時間表，但卻可能記住不相干的事情，像是電視廣告等。

注意力缺陷／過動症

| 生理和行為特徵 | 其他可能因素 | 建議 |
|---|---|---|
| 10. 表現出活動過度，但是這類活動似乎是漫無目的。 | 虐待／受忽視 | |
| 11. 情緒經常變化，例如：當被人碰觸、撞倒或是被抓著時，情緒會反應過度。 | | |
| 12. 無法察覺日常例行活動所做的變化，兒童還是會按照原來的活動來進行，不能有所因應。 | | |
| 13. 經常顯得不快樂。 | | |
| 14. 低自尊。 | | |
| 15. 表現得退縮或害羞，獨自玩耍且很少與人交談。 | | |
| 16. 會有擾亂性的行為——發脾氣、打架、尖叫。 | 行為／社會／情緒問題 | |
| 17. 經常尋求大人的注意和贊同（可能會衍生出以此操控他人的行為和逃避的技巧）。 | | |
| 18. 經常和其他兒童發生衝突，人緣不佳，沒有什麼朋友。 | 對立性反抗疾患 | |
| 19. 喜歡和較小年紀的兒童玩耍。 | | |
| 20. 需要立即性的獎賞。 | | |

| 生理和行為特徵 | 其他可能因素 | 建議 |
|---|---|---|
| • **關於社會／情緒行為的回應**（Related Social/Emotional Responses）<br><br>這類兒童可能會：<br><br>1. 強烈地拒絕，或是表現出沒有興趣或動機參與的方式，來逃避自己學習有困難的活動。<br><br>2. 面對無法自行完成的工作，會生氣地說些蠢話，或是表現得心情低落。<br><br>3. 如果活動內容是超乎兒童能力所及的，兒童會在身體上、情緒上都表現得害怕和退縮。 | 行為／社會／情緒問題 | |

## 感覺統合失調 Sensory Integration Dysfunction

**感覺統合失調**是神經生理異常所造成，在兒童早期階段就可被檢測出來。感覺統合失調的兒童，其大腦是無法整合基本感官系統所接收到的資訊，包括：觸覺、視覺、聽覺、嗅覺、味覺、前庭覺（即身體兩側相互配合的協調能力和控制頭部直立、抵抗重力的能力）和本體覺（身體移動時各部位相互協調的能力，幫助對自身位置的判斷）。

大腦的功能就是從感官接收訊息，經過處理之後適當地反應出來，對大多數兒童而言，感覺統合功能的發展完備，對於感覺已能自動化且適當的反應；但是對於感覺統合發展不全的兒童來說，將感官接收到的訊息轉換，輸入到大腦中，並以適當的反應輸出的過程是缺乏組織性，而且效能極差，因而影響到各方面的發展、學習和行為的正常表現。

個體基本感官系統的統合自出生前就已經形成，並且終其一生都會持續發展──感官系統的統合在青少年前期大部分就已建立。

*備註：在兒童早期，對應各年齡階段的發展指標，不同年齡層的兒童，其感覺統合的反應機制各不相同，因此學前階段的兒童，從非常輕微的問題到嚴重的統合障礙都有可能出現。*

**神經生理上的組織不完全（Neurological disorganization）會出現在以下三種不同的情況：**

1. 大腦無法接收訊息和／或訊息的接收不能一致（輸入）。

2. 大腦可以有系統地接收訊息，但是無法和其他感官接收到的訊息做適當的連結（處理）。

3. 大腦無法正常地處理所有從感官接收進來的訊息，因而產生不良的動作、語言和／情緒上的反應（輸出）。

不論何種年齡層、社經地位和智能程度都可能會出現感覺統合失調，具有發展障礙的兒童，其感覺統合失調的情況更加明顯，以下各類狀況經常伴隨感覺統合失調的問題：

## 感覺統合失調 Sensory Integration Dysfunction

- 智能障礙
- 頭部外傷
- 腦性麻痺以及其他中樞神經系統受傷害的狀況
- 早產
- 自閉症候群
- 注意力缺陷／過動症
- 學習障礙
- 胎兒酒精症候群／胎兒酒精效應
- 唐氏症
- 鉛中毒
- 動作的問題
- 行為／社會／情緒問題
- 說話和語言的問題

預後：如果兒童的療育做得早，感覺統合失調的症狀能受到較好的控制，兒童就能更有效地學習如何適應環境並做出正確的回應。

| 生理和行為特徵 | 建議 |
| --- | --- |
| 備註：有感覺統合問題的兒童對於感覺的輸入、處理和輸出，通常會有反應遲鈍或是反應過度的現象。<br><br>**感覺輸出的異常可能有以下症狀**（是可觀察到的行為）：<br><br>**觸覺**（Tactile）（碰觸）<br>這類兒童會：<br>• 避免和人有身體的接觸，或是被碰觸到時會有攻擊性的反應。<br>• 逃避會弄髒自己的遊戲，例如：用手指沾染料畫圖、玩泥巴、堆沙堡等等。<br>• 不喜歡特定質地的物品、玩具，或是衣服上的標 | 為使患有感覺統合失調的兒童成功地融入團體之中，尋求專業人員的協助是必要的——職能治療師、語言治療師、行為治療師，以及特殊教育人員都能提供必要的協助。<br><br>兒童的特教方案中應清楚說明兒童的特殊需求，並且在剛入學時，應安排全天候一對一的協助，讓兒童能順利學習學校的作息 |

| 生理和行為特徵 | 建議 |
|---|---|

籤。

- 喜歡把東西往嘴裡塞。
- 不喜歡穿衣服以及其他配件，如帽子、手套、鞋子。

**嗅覺（Olfactory）（聞）和味覺（Gustatory）（味道）**
這類兒童會：

- 不能忍受特定口感的食物、牙膏等。
- 吃下不能吃的東西，像是牙膏、肥皂、排泄物等。
- 很挑食，對某些特定食物有強烈的喜好。
- 對於特定的食物、衣服的特定部分、特定顏料等，會感到排斥、不舒服。

**視覺（Visual）（看）和聽覺（Auditory）（聲音）**
這類兒童會：

- 對於強光、巨大聲響感到不舒服，或是會試圖尋找消逝的光線或聲音。
- 對於日常家用物品所發出的聲響（例如：吸塵器、沖水馬桶等等）會搗住耳朵或以大叫的方式回應。
- 盯視旋轉中的物品、鏡子等。
- 選擇性回應某些特定的聲音──例如：可能會對糖果紙的聲音有反應，而對說話的聲音沒反應。
- 無法審視所身處的整個環境，但是如果環境中有物體正在移動，兒童會特別注意。

**前庭覺（Vestibular）（協調身體兩側相互配合和維持頭部直立的能力）**
內耳除了專司聽覺之外，並提供身體的平衡感，以及身體在空間中的定位，讓我們能調整身體的姿勢來維持平衡，並以頭部為中心、保持頭部直立的姿態。

---

及課堂上的要求，也讓老師能學會特定的教學方法來配合兒童的需求。

- 先去了解兒童的主要興趣是什麼，如果他所喜歡的是他能力所不及的，試著另外找出某個地方或是某個物品是兒童可能感興趣的。
- 有些感覺統合失調的兒童需要體能方面的活動，例如：騎腳踏車（體驗風的感覺以及腳踩踏板的協調性）、游泳或其他水上活動來感受水的浮力，以及手臂和腿部的配合，還有足球或是其他類似的遊戲，需要手和腳的配合來應付會移動的物體（球）。
- 手指繪畫、玩黏土、捏麵糰、種子種植等等活動，都需要身體的協調性並能做感覺的探索，對於感覺統合失調的兒童很有幫助。
- 感覺統合失調是近年來才被認定為一種障礙，也持續有愈來愈多相關的研究與探討，老師應

| 生理和行為特徵 | 建議 |
| --- | --- |
| 這類兒童會：<br><br>• 害怕玩遊樂場的設施、活動量大的遊戲，或是渴望有刺激度大、快速的活動。<br>• 表現得毫無懼怕，即使是該表現害怕的時候。<br>• 容易暈車，或是處在移動中的狀態時（坐船、飛機等）會感到極度的暈眩或噁心。<br>• 容易忘記自己身處高處，或是忽略周遭有行進中的車輛等等。<br>• 經常自我旋轉、跳上跳下和繞圈子跑步。<br>• 平衡感差──會逃避需要平衡的活動，像是走平衡木等。<br><br>**本體覺**（Proprioceptive）（身體做部分移動時，其他部位相互配合的能力）<br>身體經由內部的感覺接收機制，協調肌肉和肌腱的伸展程度，讓人產生平衡感，並知道身體各部位的相對位置及姿勢。<br><br>這類兒童會：<br><br>• 在操作玩具或與人接觸時，會表現壓力過大的樣子或是一副不在乎狀。<br>• 喜歡力道較重的按摩、擦背等方式，但是卻害怕別人輕輕的碰觸。<br>• 有很高或很低的痛覺閾或溫度閾（高痛覺／溫度閾者對痛／溫度的感覺較遲鈍，低痛覺／溫度閾者對痛／溫度的感覺較敏感）。<br>• 有用力拉扯頭髮、捶打牆壁或物品、撞擊頭部或其他自傷行為的傾向。<br>• 容易疲累或是變得過動。<br>• 很難坐在位子上持續很久的時間。<br>• 動作規劃技巧能力差，讓人覺得笨拙。<br>• 用手扶著家具或牆壁以維持身體的穩定／平衡。 | 對感覺統合失調做更多的認識與了解。<br><br>• 大多數患有感覺統合失調的兒童都已有接受專業人員的服務，園所應向這些專業人員尋求專業的建議（需先取得家長的同意），最好是有職能治療師能對於適合兒童從事的活動提供專業的意見，並且建議兒童在教室內的活動如何做最有效的安排。<br>• 大多數患有感覺統合失調的兒童，若是處在毫無吵雜的環境中，無論他們是與人接觸或是玩玩具、玩遊戲，都能更有效地互動，這意謂著老師應考慮如何建立一個安靜的環境，讓兒童能更有效地學習。 |

| 生理和行為特徵 | 建議 |
|---|---|

**複雜的活動和感覺統合失調**

在兒童的發展過程中，一種或數種基本感覺系統整合的缺陷，會妨礙兒童進行較複雜的活動，像是在學習、社會或情緒行為的發展上，會面臨到較多的困難。

這類兒童會：

- 「如何學」的學習技巧差──例如：組織、瀏覽等類的技巧。
- 衝動、粗心、缺乏控制力、愛挑釁或容易發脾氣。
- 很難放鬆或冷靜下來。
- 漫不經心、外表邋遢、自我照顧技巧差。
- 不同學習活動之間的轉換，在適應上有困難。
- 自尊心低，少有朋友。
- （粗大和精細）動作技巧發展緩慢，說話、語言能力，以及學科學習能力同樣發展落後。

具有以下症狀的兒童通常會有感覺統合失調的情形：

- **自閉症候群**
- **注意力缺陷**
- **腦性麻痺以及其他中樞神經系統受傷害的狀況**
- **胎兒酒精症候群／胎兒酒精效應／母體物質濫用**
- **智能障礙**
- **早產**
- **頭部外傷**

參閱相關單元的建議
尋求職能治療師的專業指導

**兒童在學前階段，若是未被診斷為感覺統合失調，**但是卻出現發展遲緩的現象，請參閱以下單元中的相關建議：

- 視覺障礙
- 聽覺障礙
- 動作的問題（粗大和精細）
- 說話和語言的問題

# 白血病
## LEUKEMIA

**白血病**是一種癌症,又稱爲血癌,是指不正常的白血球無止境地增生,擴散到體內的血管和器官中,破壞骨髓、脾臟,以及淋巴結組織,常見的症狀爲淋巴結、肝臟和脾臟的腫大。

白血病是兒童常見的癌症之一,且較易發生在男童身上,大部分罹患白血病的兒童經過醫學治療後都能獲得完全的治癒。

| 生理和行為特徵 | 其他可能因素 | 建議 |
|---|---|---|
| 這類兒童可能會出現: | | • 如果老師注意到兒童的瘀青部位增加並且容易疲倦,應要告知家長你的觀察情形,並建議家長帶兒童接受完整的醫療檢查。 |
| 1. 容易疲倦。 | 缺乏鐵質 | |
| 2. 皮膚蒼白。 | 貧血 | |
| 3. 關節和骨頭感到疼痛。 | **關節炎** | |
| 4. 身體極易瘀青。 | **虐待／受忽視** | |
| 5. 皮下出血。 | **血友病**(和其他血液凝結的問題) | **如果兒童到園所就讀之前已被診斷有白血病**,應將以下的建議列入考慮: |
| 6. 牙齦經常出血。 | | |
| 7. 因淋巴結腫大使得頸部、腋窩、腹股溝腫大。 | **過敏症** 腫瘤 霍金奇氏淋巴瘤(Hodgkin's disease)(屬惡性腫瘤) | • 儘量將兒童看待為一般的兒童。 • 得到醫師相關的書面建議是很重要的。 |
| 8. 發燒和／或夜晚盜汗。 | 藥物反應 | • 服用藥物應納入兒童在園所的正常作息中。 |
| 9. 體重減輕／體重不易增加。 | **成長遲滯**(非器質性) | • 課程活動進行中,如果兒童因超出體力負荷而需要休息或暫時離開,儘量以不影響他人為原 |
| 10. 缺乏睡眠。 | 兒童在家可能一直睡眠不足,且已養成習慣。 | |
| 11. 容易受感染。 | 兒童可能有不適當的飲食。 | |

| 生理和行為特徵 | 其他可能因素 | 建議 |
|---|---|---|
| *備註：白血病尚有其他症狀是需要藉由醫療人員的專業知識來診斷，一般人士不易觀察出來。*<br><br>**兒童到園所就讀之前可能已被診斷出來。** |  | 則。<br>• 明確記錄兒童身體瘀青、過度勞累或抱怨身體疼痛的原因。<br>• 記錄的內容應包含發生的日期、時間、兒童抱怨的內容及老師觀察的細節，老師並在記下觀察記錄後簽名確認，日後有任何問題，以便於聯絡。<br>• 基本上，此類兒童在建立社交技巧上，比一般兒童需要更多的限制和協助，這是因為：<br>　－兒童住院時是孤立缺乏陪伴。<br>　－父母為防止兒童受感染導致生病，而限制他與其他兒童互動的機會，使得兒童少有和別人玩在一起的機會。<br>　－父母因兒童病弱和易受感染的體質，而對兒童過度的保護及過度的憂慮。<br>• 其他兒童的家長必須了解並配合，若自己的兒童感染到任何疾病，務必要盡早告知園所，這對園所內有白血病的兒 |

| 必問的重要問題 | 基本資訊 |
|---|---|
| 1. 兒童需服用藥物或是其他的藥物治療？兒童有能力自己服用或是需要人在旁監督？<br>2. 兒童所服用的藥物是否會有副作用？如果有，是哪些副作用？<br>3. 有哪些兒童時期的疾病該兒童已經是免疫的？<br>4. 為避免感染，園所必須做哪些預防措施？<br>5. 兒童是否曾住院？如果有，記錄住院時的年齡，以及住院時間多久等等相關資料。<br>6. 兒童目前是否有進行任何的治療？多久一次？住院治療或是門診治療？ | 如果兒童正接受藥物治療，園所要清楚知道該負起什麼責任，例如：藥物是否需要特別的儲存條件等等。<br><br>有些特定的藥物會影響情緒，因此，務必要了解兒童是否有這樣的情形出現。<br><br>有些治療白血病的方式會導致兒童出現暫時性的掉髮。<br><br>通常，罹患白血病的兒童免疫系統能力會降低（因藥物治療所導致），如果兒童已暴露在任何接觸性傳染疾病之中，家庭成員務必要掌握，並在72小時內做出預防性的措施。 |

| 必問的重要問題 | 基本資訊 | 建議 |
|---|---|---|
| 備註：讓家長知道：要與園所保持聯繫並且明確告知兒童已接受過的醫學治療或住院經驗是很重要的。 | | 童來說是非常重要的。<br><br>• 老師應和家長及兒童的醫師有持續的接觸與聯絡，好讓園所能明確的了解有哪些限制和建議，來協助兒童在園所的生活。<br><br>• 白血病兒童的父母，在面對兒童不斷地經歷治療、病情穩定的階段，心情也會跟著起起伏伏，因此他們可能需要更多的心理支持，並需要一再地保證自己的孩子會沒事。<br><br>• 如果兒童可能會因治療而掉頭髮，老師應對園所內的其他兒童先做說明：有時候人會生病，為了讓身體趕快恢復健康，我們就要做一些治療，而這些治療可能會讓頭髮掉光，不過頭髮一定還會再長回來。老師需擔任向其他兒童解釋情況，以及說服該兒童接納自己外貌的居中角色。 |

L

# NOTE

# 動作的問題（粗大和精細）
## MOTOR PROBLEMS（Gross and Fine）

　　**動作／協調問題**是指兒童在粗大和／或精細動作協調的發展上出現遲緩的現象，其在動作功能方面的程度低於同心智年齡兒童的發展程度。

　　這些發展性的動作／協調問題與一些特定的醫學症狀沒有關聯，例如：腦性麻痺或肌肉萎縮症，雖然依據這些醫學症狀所提出的相關建議和注意事項都能適用於兒童在各方面的動作／協調問題，但是兩者不能混為一談。

M

## 粗大動作（gross motor）

| 生理特徵 | 其他可能因素 | 建議 |
|---|---|---|
| 衡量某特定心智年齡的兒童該具備的發展水準。<br>此類兒童可能會：<br>1. 表現笨拙，跑步缺乏技巧，容易被自己的腳絆倒，跑得慢。 | **視覺障礙** | • 持續記錄兒童的發展狀況，並試著確認兒童動作問題的類型。<br>• 檢閱兒童出生時是否有任何受傷症狀的病歷史。 |
| 2. 無法雙腳交替上下樓梯或是攀爬梯子。 | 視覺／動作問題 | • 如果問題一直存在，建議兒童應接受完整的醫學評估。 |
| 3. 走路的步距寬。<br>4. 由於身體較難保持平衡，會讓身體靠近牆面。 | 張力（大肌肉）問題<br>神經學上的問題 | • 試著在教學中加入能幫助兒童練習必要技巧的活動課程。 |
| 5. 無法上下攀爬遊戲方格鐵架。 | 雙腳呈內八或外八字；內耳感染引起平衡問題 | **能協助粗大動作發展的特定活動：** |
| 6. 對於跳躍、單腳跳、快速奔跑、蹦跳或單腳站立等動作有困難。 | **感覺統合失調**<br>**聽覺障礙**<br>鞋子不合腳 | • 用來彈跳及訓練平衡的蹦床、彈簧墊和平衡木。 |
| 7. 無法在大球或懶骨頭 | 兒童可能因為缺乏同伴、 | • 以粉筆、繩索在地上呈現軌道，或運用大型積 |

| 生理特徵 | 其他可能因素 | 建議 |
|---|---|---|
| （裡面裝滿很小顆的保麗龍球）上彈跳，也無法將大球或懶骨頭接住和丟出去。 | 大人的遊戲互動，或是遊戲的空間有限，使得他較少有機會進行訓練粗大動作的活動。 | 木、枕頭等排成路線，來進行障礙訓練。 |
| 8. 做到正確的站姿或坐姿有困難。 | | • 以毛氈或硬紙板做成不同的形狀和樣式，置於地板上，以供爬行、行走、單腳跳和雙腳跳等。 |
| 9. 正面翻身或反面翻身有困難。 | **營養不良** | |
| 10. 從事某些運動會有動作計畫方面的問題，像是騎腳踏車、溜冰等等。 | **腦性麻痺**（輕微） | • 運用遊戲讓兒童做出不同難度、形式的姿勢，例如：「身體扭扭樂」（美國的遊戲組合）或是變成「1，2，3木頭人」的遊戲。 |
| 11. 走路或跑步時，雙手無法合宜地配合擺動。 | **自閉症候群**<br>**感覺統合失調** | • 運用類似「老師說」、「請你跟我這樣做」等遊戲，可以讓兒童學習模仿並做出簡單的動作。 |
| 12. 坐著難以維持平衡（可能會突然跌倒，或是年幼的兒童會把頭趴在桌上）。 | **虐待／受忽視** | |
| 13. 由於有平衡的問題，使得坐在椅子上時會不停地變換姿勢。 | 貧血（缺乏鐵質）<br>**鉛中毒**<br>**先天性心臟異常**<br>**脊椎彎曲** | |
| 14. 容易疲累。 | | |
| 15. 容易發生意外，例如：會不小心撞到家具、人或其他物品。 | | |

## 精細動作（fine motor）

| 行為特徵 | 其他可能因素 | 建議 |
|---|---|---|
| 這類兒童可能會有：| | **能協助精細動作發展的特定活動：** |
| 1. 手部／手指的抓握掌控能力不成熟（抓取 | 有些兒童發展左利／右利手的能力較慢，以致影響 | • 觀察兒童的慣用手是哪 |

| 行為特徵 | 其他可能因素 | 建議 |
|---|---|---|
| 力道不足或太緊，而使物品掉落）。 | 精細動作技巧。 | 一邊，多提供練習精細動作的機會。 |

**行為特徵**

2. 無法有效地操作工具，像是運用吃飯的器具或是剪刀的使用等。

3. 無法拿取小件的物品（用指尖取物的能力發展不佳），例如：拼圖片和珠子。

4. 擺放物品時無法維持物品之間的平衡關係，例如：堆疊積木、插木樁板、串珠等。

5. 由於手部不能有效地掌控書寫工具，導致兒童無法仿畫：
   - 手握鉛筆／蠟筆的位置過高或過低。
   - 畫圖或著色時，手臂是懸在空中，而不是自然地置放在桌上。

6. 在進行著色、畫圖、進食或拼圖時，無法超越身體的中線（從身體中間，假想有一條自頭部延伸到腳指頭的線）。

7. 對於需運用到特定的手部扭轉操作能力的工作，無法獨力完

**其他可能因素**

如果兒童本身慣用左手，而大人期望他使用右手（例如：將物品放在兒童的右邊，或是只提供右手使用的剪刀等），則會影響兒童手部功能的發展。

**學習障礙**
**感覺統合失調**

手部控制不靈活是指：
- 全面的肌肉無力。
- 每隻手指的肌肉發展差。
- 缺乏練習的機會。

**視覺障礙**

深度知覺能力（depth perception）差（對於觀察物品的位置或將物品放置在適當位置的能力很差）。

缺乏鬆開物品的自發性控制能力。

**學習障礙**
**腦性麻痺**（輕微）
**肌肉萎縮症**

**建議**

- 捏泥土、黏土、手指畫和其他利用手部操作的材料，都能增加手部功能的練習。
- 指偶遊戲。
- 著色，以及用粉筆、蠟筆畫圖。
- 扣鈕釦、拉拉鍊。

**能協助視知覺動作發展（ visual perceptual motor development）的特定活動：**

- 對照物品的相對關係來擺放。
- 製作拼貼畫（運用不同的形狀和材質）。
- 將小木塊黏合。
- 形狀板的利用。
- 堆建積木。
- 小件的積木組裝遊戲。
- 以珠子、木樁等物依照圖片進行仿做遊戲。
- 由小排列到大的造型堆疊玩具。
- 將液體從此容器倒進另一個容器。
- 扣鈕釦、用螺栓固定、用鑰匙上鎖。
- 用錘子敲打和釘釘子。

M

| 行為特徵 | 其他可能因素 | 建議 |
|---|---|---|
| 成，例如：轉門把、轉瓶蓋、扣鈕釦、拉拉鍊等等。<br><br>8. 無法畫出簡單的幾何形狀和圖畫。<br><br>9. 書寫大小寫英文字母或是數字有明顯的困難。 | **自閉症候群**<br>**虐待／受忽視** | 能協助手腕動作／手部操作（wrist/hand manipulating）的特定活動：<br>• 旋轉門把。<br>• 轉開瓶蓋。<br>• 扣鈕釦、拉拉鍊等等。 |

### 相關的社會／情緒反應

此類兒童可能會：

1. 逃避覺得困難的活動，會強烈的排斥或是興趣缺缺而不參與活動。

2. 做事總是一團亂、懶散又衣著不整，對於需運用精細動作的工作則草率敷衍、交差了事。

3. 對於自己所完成的事不會有成就感，不願意把工作帶回家完成，或是不願意和其他人一起做。

4. 當他有自己不會的活動時，會很生氣的口出惡言或是表現出非常沮喪的樣子。

5. 如果某項活動是兒童自覺無法勝任的，他會表現出害怕、恐懼或退縮。

**受虐／被忽視**

手足的揶揄或家長期望過高，都有可能讓兒童缺乏自信，自覺無法勝任。

兒童可能受到同儕團體的壓力，或是自己在乎的朋友表現比自己好。

**行為／社會／情緒問題**

兒童可能因挫折容忍度低或是易有失敗感，使得他表現畏縮而排斥去發展或精進不會的技能。

能改善手部力量（hand strength）和抓握能力的特定活動：
• 玩泥土、捏黏土、用拳打擊、用力拉等活動。
• 擠壓的活動──能扭轉出水的濕毛巾、海綿，以及擠壓後會發出聲音的遊戲。

能發展精細動作的辦家家酒遊戲（dramatic centers）：
• 郵局（郵件分類）。
• 商店（處理商品及金錢）。
• 茶會（倒茶、烘焙）。
• 烤餅乾遊戲，例如：切餅乾、削蘋果或紅蘿蔔，以及倒入材料等。

備註：試著改變情境來配合特殊的需求，例如：提供左手用的剪刀（或是兩手皆可用的剪刀）以及方便左手抓握的鉛筆／蠟筆，調整紙張的擺放位

| 相關的社會／情緒反應 | 其他可能因素 | 建議 |
| --- | --- | --- |
| | | 置，並監控慣用左手兒童的座位是否得宜。 |

**一般而言，切記：**
- 避免競爭和比較的情形，以免兒童更加感到自己會做不好。
- 儘量多提供兒童在口語、視覺和身體上的協助，不要把他從同儕團體中抽離。
- 試著提供好玩的活動讓兒童從中獲得成就感（不會有對或錯的顧慮），例如：手指繪畫、裝飾餅乾、清洗娃娃衣服等等。

備註：當兒童完成一項新習得的技巧時，務必要告知他並強調這是非常令人高興的事。

備註：如果遵照執行上述建議一段時日之後，兒童的動作問題未見改善，或是到了學齡階段，兒童尚未具備該有的書寫技巧時，請建議家長帶兒童去接受職能治療師或是特殊教育諮詢人員的專業評估。

# 肌肉萎縮症
## MUSCULAR DYSTROPHY

**肌肉萎縮症**是一種遺傳性疾病，會讓身體的肌肉逐漸地萎縮無力，使得肌肉控制力漸漸地萎縮，當肌肉組織流失，脂肪及結締組織便取代正常組織。

肌肉萎縮症可能來自於父母的遺傳，也可能是基因突變所造成，因此，會有可能發生在家族沒有任何相關病史的個體身上。罹患此症的原因是因為控制肌肉的特定基因出現異常情形。

目前尚無治癒此症的方法，也無法永久遏止病情持續地惡化。

肌肉萎縮症共有五種主要類型，是依據初始發病的肌肉群、發病的年齡，或是肌肉張力和化學反應的改變來歸類，最常見的類型為杜顯型（Duchenne）肌肉萎縮症，患者大多是男童，發病年齡多介於二歲至六歲，此症基因是由兒童母親遺傳給兒童，但是母親本身並不會發病。

其他類型的肌肉萎縮症，發病年齡則較晚。

| 特定考慮因素 | 基本資訊 | 建議 |
| --- | --- | --- |
| **如果兒童已事先被診斷出來**患有肌肉萎縮症，務必要和相關的醫師或機構先做聯繫。<br><br>盡可能找出兒童在學校的活動有哪些限制。 | 為要使兒童適應園所的環境，有些調整是需納入考慮：<br>1. 兒童需爬多少階的樓梯。<br>2. 在進行體育課程或戶外活動時，如何提供適當的協助和監督。 | • 園所應從現有的條件，找出最好的方法調整環境，好讓兒童能適應園所的生活，如果物理環境（硬體設施）調整有困難，要建議兒童父母運用其他可行的替代方案。<br><br>• 運動和課程中進行的活動是不會讓兒童受傷的，因此要盡量多鼓勵兒童參與各樣的活動。 |
| **必問的重要問題** | | |
| 1. 兒童行動能力的程度如何？兒童是自己行 | • 和相關支持性機構的合作是很重要的，共同提 | |

| 必問的重要問題 | 基本資訊 | 建議 |
|---|---|---|
| 走？坐輪椅？在腿部使用長腿支架？或是使用矯正支撐架？<br><br>2. 兒童行動不便的程度如何？他的身體協調能力受到的影響有多少？<br><br>3. 兒童上廁所有訓練過嗎？他如廁的規律性如何？<br><br>4. 兒童是否有因肌肉萎縮而導致的其他健康問題？<br><br>5. 兒童目前有接受任何的藥物治療嗎？ | 供有效的方法，來幫助兒童及其家庭勇敢面對身體機能逐步退化的事實。 | • 兒童可能會對自己的動作技巧逐漸變差有所自覺（特別是當大家習得新的能力時，而他卻愈來愈落後、跟不上大家時），千萬別強迫他做自己跟不上的活動，多提供一些兒童能力可及的活動，儘量提升他對自己的自我意識。 |

**如果兒童先前未接受相關診斷，但是懷疑罹患肌肉萎縮症，以下症狀可供參考：**

1. 粗大動作的發展退化，兒童走路蹣跚，上下樓梯有困難，容易跌倒，或是跌倒後很難自己站起來。

2. 當兒童試圖從座位上站立起來時，兒童需靠著雙手用力支撐使得雙腿得以站立。

3. 小腿肚的肌肉可能出現腫大的現象，這是脂肪堆積造成的結

**其他可能因素**

**行為／社會／情緒問題**
為了得到像家中的弟弟妹妹因學步受到眾多的注意，而模仿他（她）的學步行為。

• 詢問兒童的父母，是否有任何家族史或其他造成肌肉張力變差的因素。

• 如果父母表達關切，或是兒童尚未接受過相關診斷，可建議帶兒童到醫院進行完整的醫學檢測。

• 物理治療師（Physiotherapsits）能提供兒童相關的復健服務，並教導父母／主要照顧者特定的物理治療技巧來幫助兒童維持肌肉力

| 必問的重要問題 | 其他可能因素 | 建議 |
|---|---|---|
| 果，但是通常會被誤解為肌肉組織。<br>4. 在四肢和身軀的肌肉呈現衰弱無力。<br>5. 經常被絆倒或跌倒。<br>6. 無法正常地雙腳跳躍或單腳跳躍。<br>7. 傾向用腳趾尖走路。<br>8. 輕微的學習障礙。 | **營養不良**<br>**學習障礙（感覺統合失調）**<br>平衡感差<br>**動作的問題**<br>**學習障礙**<br><br>**自閉症候群** | 量，同時能運用姿勢來幫助兒童的力量增加至最大限度。<br>*備註：有些體能活動（如被動關節運動）能伸展這些肌力變弱的肌肉，如此能延緩攣縮及畸型的發生，如果沒有每天持續的進行這些運動，可能會加速導致攣縮與畸型的發生。*<br>• 為兒童量身打造個別化的運動方案是必要的，通常是由專業的物理治療師來規劃符合兒童特殊需要的方案。 |

M

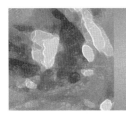

# 營養不良
## NUTRITIONAL DEFICIENCIES

**營養不良**是指體內缺乏從食物當中攝取一種或多種的基本成分（例如：維他命、礦物質等），和／或普遍性熱量不足等。

| 生理特徵 | 其他可能因素 | 建議 |
|---|---|---|
| 這類兒童可能有以下情形： | | • 向家長詢問關於兒童目前的情況，是否有可能的生理因素。 |
| 1. 臉色蒼白；皮膚看起來沒有光澤／粗糙的。 | 兒童之前經歷過極度的剝奪經驗，例如：曾待過資源十分貧乏的難民營。<br>遺傳因素 | • 假如園所老師無法從家長方面獲得關於兒童的相關資訊，可以向兒童的醫師諮詢有關兒童曾做過的檢查評估內容。 |
| 2. 身體的結構異於一般人（看起來腫脹，胃脹大；胸腔突出；腿部嚴重彎曲）。 | | • 對於幼童的飲食，可蒐集最新多元飲食的觀念與資訊提供給家長並相互討論。 |
| 3. 不良的姿勢、肌肉張力表現差或協調性不良。 | 缺乏運動<br>肌肉發展的問題 | 要記得園所老師可以作最好的示範。為兒童準備營養均衡的食物，更重要的是鼓勵家長也如此做，方式有：： |
| 4. 食慾不振。 | 咽扁桃腺腫大（無法聞出味道；沒有味覺） | • 為兒童提供有營養的點心（例如：起司、水果、蔬菜等）。 |
| 5. 體力逐漸喪失；總是讓人覺得毫無生氣。 | 藥物副作用<br>胃功能異常 | |
| 6. 經常會生病或是感染。 | 消化道功能異常<br>胃腸方面有問題 | • 在餐盤中放入兒童喜愛並且有營養的食物（例如：調味醬汁、布丁、馬 |
| 7. 經常便秘、腹瀉或噁心。 | 家長飲食習慣影響<br>緊張／壓力／睡眠不足 | |

| 生理特徵 | 其他可能因素 | 建議 |
|---|---|---|
| 8. 上呼吸道感染、發出喘鳴聲、鼻塞、打噴嚏或眼睛看起來紅紅的或感染。 | 在家中感染<br>慢性疾病,感染或免疫力缺乏<br>**氣喘** | 鈴薯沙拉);並試著用不同的方式料理食物。<br>• 在兒童餐盤中放入少量多樣的食物。 |
| 9. 體重減輕。 | **過敏症**<br>**白血症** | • 在兩餐之間避免提供兒童太多的點心或飲料。 |
| 10. 生長速度遲緩。 | **糖尿病** | • 用餐時間避免有會讓兒童分散注意力的物品,例如:餐桌上擺放玩具或看電視。 |
| 11. 腸吸收不良而導致排便問題。<br>*備註:在快速成長期中(growth spurt period)因需要更多的營養,營養缺乏的情形會更顯著。* | | • 對於兒童拒絕的食物不要強迫他,等一、二週之後再讓他試試看。<br>• 不要以獎勵或處罰的方式處理兒童飲食行為。例如,千萬不要要求兒童一定要吃完盤中的食物才能吃到他的甜點。 |
| **行為特徵** | | • 讓用餐的時間是輕鬆愉快的。可以和兒童談談他今天做了什麼事,其他的計畫,在家中完成了哪些事等閒聊話題。 |
| 這類的兒童可能會:<br>1. 拒絕吃東西;只吃某些食物、會挑食;或是食慾不振。 | 兒童可能從未吃過某些食物,或是有不同的用餐間隔時間。 | • 鼓勵兒童參與活動力較低、沒有競爭性的遊戲或體能活動。 |
| 2. 有異食癖(pica)——會吃非食物的東西,例如:泥土、粉筆等。 | **文化差異對行為之影響**<br>(英語為第二外國語/英語為同源語)<br>**自閉症候群** | • 幫助兒童逐漸增加他參與活動的時間(包含用餐的時間)——聊天、數數、討論食物顏色、口感或其他活動。 |
| 3. 對於一件事情專注時間很短暫。 | **注意力缺陷/過動症**<br>**學習障礙** | |
| 4. 會焦慮不安。 | **虐待/受忽視**<br>新陳代謝不平衡 | |
| 5. 有過動行為/或異常的安靜。 | | |

| 行為特徵 | 其他可能因素 | 建議 |
|---|---|---|
| 6. 做事缺少動機，對自我概念低。<br><br>7. 讓人覺得懶散或退縮，昏昏欲睡或感到煩燥。<br><br>8. 視覺／動作協調力不佳。<br><br>9. 經常向學校請假。 | 受到家庭飲食習慣與限制的影響而導致兒童飲食不足（例如：不均衡的素食飲食）。<br><br>**虐待／受忽視** | 備註：持續與家長保持溝通是重要的。假如家長是非英語使用者（在此以美國為例），試著提供以他們母語形式呈現的營養資訊。 |

N

# NOTE

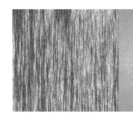

# 創傷後壓力疾患
## POST-TRAUMATIC STRESS DISORDER（PTSD）

**創傷後壓力疾患**是指兒童和大人曾目擊或經驗（直接的或間接的）極度創傷的事件。必須注意的是在經歷創傷事件後並不一定每一個人都會有創傷後壓力疾患，也有些人是在數月或數年後才會出現此症狀。

壓力來源包含：

- 天然災害——例如：水災、火災、龍捲風等。
- 意外事故——例如：車禍、被燒傷或目擊別人被燒傷、從高處掉落等。
- 戰爭——本身曾經歷或是從電視上看到。
- 目睹死亡或經歷過朋友、親密家人慘死。
- 暴力事件——例如：目睹兇殺、暴力、其他街頭犯罪事件、或有人闖入兒童的家中。
- 嚴重身體或心理的疾病，不管是自己經歷或曾經目睹有人深受情緒或身體病痛困擾。
- 家庭暴力，包含兒童目睹或遭遇任何威脅到兒童本身或是家人的行為；家庭或個人的創傷，包含身體與／或性虐待
- 家中重要的親人對兒童施以虐待、忽視、反覆無常的照顧等。

這類兒童可能了解或不了解他經歷創傷事件發生的時間（例如：兒童可能曾目擊或經歷過一次；或是事件反覆發生，如性侵害）。對於創傷事件的悲痛或恐懼感必須至少持續一個月才會歸類為創傷後壓力疾患。

| 生理與情緒行為 | 其他可能因素 | 建議 |
| --- | --- | --- |
| 這類兒童可能經歷了：<br>1. 無助感、焦慮、害怕、缺乏控制感、和／或在緊張的情境中會因驚 | **行為／社會／情緒問題** | • 假如兒童經歷了創傷事件，允許兒童抒發關於事件的情緒。老師應以接納、支持、非批評的 |

P

| 生理與情緒行為 | 其他可能因素 | 建議 |
|---|---|---|
| 恐而有攻擊的行為。 | | 態度來面對他。 |

**生理與情緒行為**

恐而有攻擊的行為。

2. 對於創傷經驗會有負面、沮喪的記憶或想法（好像再次歷經當時經驗的感覺、錯覺、幻覺，或是解離性瞬間經驗再現）。

3. 當有事件喚起類似創傷事件的情境時，內心會出現無法解釋的害怕。這種情形可能導致逃避的行為，例如拒絕說話或不接近特定的地方或個人。

4. 焦慮與沮喪的情緒（可能突然變得很黏人並且害怕離開家人；對於新環境感到恐懼等）。

5. 會／或產生退化性行為，例如大小便失禁、經常哭泣等。

6. 出現記憶力、專注力、注意力等方面問題。

7. 對於他以前喜愛的活動不再感興趣。

8. 行為沒有組織性和／或行為很躁動。

9. 出現侵犯性行為。

10. 無法放輕鬆。

11. 情緒不穩定。

**其他可能因素**

虐待／受忽視

注意力缺陷／過動症
行為／社會／情緒問題

**基本資訊**

• 大部分經歷創傷事件的兒童不會發展成創傷後

**建議**

• 從繪畫中，兒童可以抒發創傷事件帶來的壓力。

• 試著提供一致且規律的學習環境——這樣的活動可以讓兒童覺得有安全感。

備註：假如兒童似乎只能玩／畫出關於創傷的事件，並且一再的重複，建議家長帶兒童尋求專業人員的協助。

• 試著避免有關創傷事件回憶的情境。同時，假如某事件引起兒童心中的焦慮，要幫助兒童不要為此事件感到焦慮，例如讓他知道身邊有很多人，老師們都看著他等。

• 有些受創兒童需要說出他們經歷的事，老師要扮演的角色是沒有任何評判的傾聽者。假如您不想讓其他人聽見，帶他到一個適合的地方並提供支持性的回應。

備註：老師不要輕易嘗試遊戲治療。假如兒童不斷出現創傷壓力的徵兆，而且一直處在壓力狀態中，

| 生理與情緒行為 | 基本資訊 | 建議 |
|---|---|---|
| 12. 逐漸對警報器、飛機聲、喇叭聲、雷聲等變得很敏感，通常會有驚嚇的反應。<br><br>13. 失眠或很難入睡；有週期性緊張的夢境，例如作惡夢。這種情形可能和創傷事件相關，也可能毫無關係。<br><br>14. 睡眠或飲食的習慣改變。<br><br>15. 噁心、心跳加速、肌肉緊繃或腹瀉。<br><br>16. 爆發憤怒情緒。<br><br>17. 憂心會遭受暴力。<br><br>18. 自傷行為。<br><br>19. 身體上輕微病痛——腹痛、頭痛、胃痛等，找不到任何生理原因。<br><br>20. 拒絕參與任何和創傷事件相關的活動。 | 壓力疾患。創傷後壓力疾患的兒童通常會在經歷事件之後的第一週或是一個月後出現（也可能在一年之後出現）。<br><br>• 兒童在經歷創傷事件後可能不會馬上反應創傷後壓力疾患症狀。有時他已經出現相關症狀但有時症狀好像消失了，也許會在事件發生一到三個月之後才會開始出現創傷後壓力疾患的症狀。<br><br>• 假如家長、老師或兒童生命中重要的人無法處理生活中重大的壓力或悲痛的情緒時，通常對兒童會產生負面的影響。<br><br>• 假如兒童整個家庭都經歷了創傷事件——像是家中發生大火燒毀房子、家庭成員死亡、家庭成員身體受傷害等——社區中相關人員或團體提供適當的支持服務是很重要的。 | 或是兒童近三個月毫無進步，就需要協助兒童和家庭與專業人員接觸。合格的遊戲治療師通常能協助與支持兒童面對創傷事件。 |

P

| 社會性行為 | 必問的重要問題 | 建議 |
|---|---|---|
| 這類的兒童可能： | 1. 兒童經歷極度創傷事件的情形為何？ | |
| 1. 難以和其他兒童玩在一起，會和別人打架，無法進行團體合作的遊戲，但在創傷事件發生之前並沒有這種情形。 | 2. 事件何時發生？ 3. 事件發生之後，家長注意到兒童的行為產生了什麼改變？ | |
| 2. 會以頑固、反抗與拒絕的態度回應簡單的要求。 | 4. 家長是否注意到兒童有新的恐懼事件？ 5. 家長有注意到兒童在遊玩或畫圖方式有任何改變嗎？他是否在遊戲或繪畫中重現創傷事件？ | |
| 3. 因語言發展受限，無法以簡單的話語表達自己經歷過的事件。 | 6. 當兒童想起創傷事件的景象或畫面時是否會有徵兆？他如何反應？ | |
| 4. 變得退縮；會出現性暗示或侵犯的行為──依創傷事件情境而有所不同。 | 7. 兒童目前有接受任何心理上的協助嗎──例如遊戲治療？如果有，園所的老師可以與治療師聯繫，以獲得協助兒童有效的訊息嗎？ | |
| 5. 很難與人維持友誼關係。 | 8. 兒童目前有服用抗焦慮、失眠等藥物嗎？ 9. 家庭目前有接受任何協助嗎？例如家族治療？ | |

# 早產（早產兒）
## PREMATURITY（Preterm Babies）

**早產兒**是指兒童比預定的時間提早三週出生。

在檢查早產兒的大小與體重時，必須比照該嬰兒足月產的週數，而不是他實際出生的週數。妊娠正常期間是從三十五到四十週之間，胎兒通常會快速生長，在妊娠結束前達到接近正常體重。早產兒是在三十五週前由母體分娩。假如他們依循發展的順序，早產兒在出生六到九個月之間可長到正常嬰兒的大小，但有些早產兒在二歲到三歲時仍然無法跟上這樣的生長順序。大致上來說，早產兒如果需要超過一個月以上的特別醫療照顧，在後續發展上會出現較多問題。

近幾年來早產兒有增加的趨勢，這可能由於多胞胎的生產增加，以及因醫學技術進步使得早產兒存活率比以前提高許多。

早產兒通常出生體積小、生理發育未成熟，因此可能會有生理或醫療照顧上的問題。這種情形可能影響日兒童後各方面的發展。

| 基本資訊 | 其他可能因素 | 建議 |
|---|---|---|
| 雖然大部分的早產兒都能正常發展，但我們也必須了解近來早產兒常出現的問題。<br><br>**1. 健康方面**<br>• 早產兒在出生的第一年較容易生病或發生感染。到了學前階段這種情形則較少出現。<br><br>**2. 視覺方面**<br>• 視覺的問題經常發生，尤其是眼睛肌肉不平衡與近視的問題。有時單 | **視覺障礙**<br>**胎兒酒精症候群／胎兒酒精效應／母體物質濫用** | • 不管兒童是足月生產或是早產兒，建議老師一開始就能和家長建立溝通管道。<br><br>• 假如兒童是早產兒，試著了解他生產的週數及生產過程中／產後是否有任何併發症。這些訊息能幫助園所老師為兒童提供有效的教學計畫，並對日後兒童的發展評估也有幫助。<br><br>• 園所與家長之間建立持 |

P

| 基本資訊 | 其他可能因素 | 建議 |
|---|---|---|
| 眼或雙眼有疤痕而導致部分失明。<br>• 以往早產兒會因視網膜病變（晶狀體纖維組織增生）導致失明或嚴重視覺問題，現在因醫學技術進步，這種情形較少出現了。 | | 續性的溝通管道以分享彼此觀察結果是重要的。假如對某些問題有疑慮，可以和家長討論，若有必要，可尋求專業的評估。 |
| **3. 聽力問題**<br>• 神經性的耳聾會有高頻音聽力損失的問題，這種原因可能是早產所造成的。<br>• 全聾情形較罕見。 | **聽覺障礙** | • 早產兒童的個別教學方案應儘量與其他同學相同。試著訂出兒童要達成的發展目標與特殊需求（例如：語言領域），發展可行性的目標並設計適當的教學方案。 |
| **4. 語言與說話情形**<br>• 出生體重較低的早產兒常出現接收性和／或表達性語言發展遲緩情形。<br>• 早產兒的語言發展和一般兒童沒有差異，三個月大時會發出單一音節的音，到九個月大時，子音和母音變化更多樣。<br>• 從十八個月大到二歲間，只說出一些可辨別的單音。大部分早產兒在學齡前即可跟上一般兒童語言與說話發展的速度。 | **說話和語言問題**<br>*備註：假如兒童的語言理解符合其年齡發展，就可以排除智能障礙。* | • 可以利用一些教具如玩偶或歌曲鼓勵兒童以口語來表達。<br>• 假如兒童學習口語、接收／或表達性語言程度的能力低於正常標準，應建議家長帶兒童至醫療院所做有關聽力和說話與語言的評估。<br>• 鼓勵兒童參與粗大與精細動作訓練的活動。<br>• 請參閱以下單元所提供的建議：<br>　—**腦性麻痺**<br>　—**學習障礙（感覺統合失調）** |

| 基本資訊 | 其他可能因素 | 建議 |
|---|---|---|
| 5.中樞神經系統（Central Nervous System） | | |
| • 此系統最常出現的問題是痙攣型腦性麻痺，但障礙程度通常都是輕微的。 | 檢查肌肉收縮時是否有異常的情形 | |
| • 依據生產時創傷與產後疾病併發情形，有些早產兒會有智能障礙和／或學習障礙的情形。在學齡前階段這類障礙還不會顯現出來，一直到兒童進入正式學校系統，這類別障礙情形才會出現。 | **腦性麻痺** | |

P

# NOTE

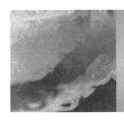

# 鐮狀細胞性貧血（鐮狀細胞疾病）
## SICKLE CELL ANEMIA（Sickle Cell Disease）

**鐮狀細胞性貧血**是一種慢性、遺傳性疾病，基因是經由父母遺傳，病症起因於血紅素基因改變，導致紅血球細胞呈鐮狀。此症可以在生產前經由羊膜穿刺術被診斷出來。

鐮狀紅血球細胞比一般正常的紅血球細胞的生命週期較短，因此體內紅血球數量減少會導致貧血情形產生。這些鐮形細胞因缺乏彈性、易破碎，造成體內氧氣輸送困難，進而導致身體器官與組織的病痛與破壞。由於缺乏足夠紅血球循環，身體產生缺氧情形，因此病童也容易感到倦怠、疲勞。

大部分鐮狀細胞性貧血患者是非洲裔美國人，也會在地中海地區、中東、亞洲、印度、加勒比海、中美洲、南美洲等人種出現。

鐮狀細胞性貧血是一種出生就有的疾病，而且無法治癒。通常在四到六個月之間可診斷出此病症。每位病童疼痛的情形與產生的併發症大不相同。接受廣泛性治療是十分重要的，通常可以減緩症狀並且讓患者在中年以前有健康、正常的生活。

| 生理特徵 | 必問的重要問題 | 建議 |
| --- | --- | --- |
| **出現緊急期的生理徵兆如下：**<br>1. 嬰兒期鐮狀細胞性貧血特徵是手腳浮腫。通常也會伴隨疼痛（例如，當別人碰觸到兒童時，他會痛得尖叫）和發燒的情形。<br>2. 胸部、腹部和關節的疼痛和腫脹（鐮狀性 | 1. 經過持續的觀察，兒童展現出來的症狀是什麼？<br>2. 兒童曾經發生過鐮狀性危險期嗎？假如有的話，出現的症狀為何、持續了多久的時間、接受了哪些治療等？<br>3. 兒童目前有服用藥物或接受任何治療嗎？ | • 每天保持觀察紀錄，記錄兒童任何行為或是身體上的變化。<br>• 園所中要隨時保有觀察日誌以讓臨時代課老師參考。內容必須包含該兒童重要的資訊，以及其他特殊狀況的紀錄。<br>• 假如兒童在進入園所前已被診斷出為鐮狀細胞 |

S

| 生理特徵 | 必問的重要問題 | 建議 |
| --- | --- | --- |

危險期sickling crises）的週期是鐮狀細胞性貧血主要徵兆。主要引起危險期的原因是鐮狀紅血球細胞堵住了細小的血管血流通過。疼痛的程度可能因人而異，從數小時到持續數週都有。有些人可能從未發生鐮狀性危險期，也有人一年發生數次此種情形。

3. 嚴重貧血所產生的黃疸會讓兒童出現以下的情形：
- 皮膚表面和／或眼球泛黃。
- 皮膚與嘴唇蒼白。
- 總是覺得疲倦。
- 覺得很虛弱。
- 會有呼吸短促的情形。
- 會感覺胸痛。

**鐮狀細胞性貧血的兒童通常會有以下情形**

1. 容易感染疾病。因為鐮狀細胞會破壞脾臟，而脾臟有消滅不良紅血球的功能並製造抗體讓身體免於受疾病感染。

4. 兒童有接受各種疾病的預防疫苗嗎？請家長提供接種疫苗的紀錄表。
5. 兒童每年有接種流行性感冒疫苗或有接種預防肺炎的疫苗嗎？

備註：因為鐮狀細胞性貧血兒童比較容易感染嚴重的疾病，因此，接種預防疾病疫苗對他們來說是十分重要的。

6. 這類兒童有特別的飲食需求或是限制嗎——尤其是有沒有攝取流質食物的需求？
7. 這內兒童有需要任何特別的預防措施嗎——尤其是關於預防疾病感染的部分？
8. 這類兒童需要比同儕更多的休息時間嗎？假如有的話？有哪些需要休息的徵兆是工作人員應該要注意的？
9. 這類兒童體能活動程度為何？有哪些活動的限制呢？
10. 在戶外活動時，尤其是在溫暖的、潮濕的或寒冷的天氣時有哪

性貧血，要求家長提供醫療上的建議資料。
- 雖然兒童的體能狀態可能受到限制，但也要讓他可以參與班級中所有的遊戲與活動。也就是說，老師可以在某些活動中為兒童安排特別的角色，例如在體能活動中，安排兒童當記分員或是負責管理設備。
- 如果活動進行中兒童需要放鬆的時間，準備替代性活動代替原本進行的活動。
- 以接納的態度，對待病童如同其他兒童一般。雖然鐮狀細胞性貧血病童在某些情況有特別的需要，但是對他的要求與其他同學是一樣的。兒童可能不習慣別人對他的要求或期望，或是無法從事他想做的事，所以老師剛開始必須以溫和、但肯定的態度去解釋遵守常規要求的重要性。切記不要太過於要求或保護兒童。
- 試著支持兒童並且幫助他面對因疾病而導致的社會互動或情緒問題。

| 生理特徵 | 必問的重要問題 | 建議 |
|---|---|---|
| （備註：醫師通常會持續給病童抗生素以預防感染發生，例如：肺炎。）教師要隨時注意感染的前兆，例如：咳嗽、呼吸困難、身體屈曲、缺乏食慾。<br><br>2. 容易有脫水的情形。有嘔吐、腹瀉、無尿等都是兒童脫水的徵兆。<br><br>3. 有生長遲緩的情形。缺乏紅血球細胞（主要負責提供身體生長所需的氧與養分）會讓兒童的發育減緩，年紀較大兒童有青春期延緩的情形。<br><br>4. 有視覺問題。因輸送血液至眼睛的微血管阻塞，會造成視網膜傷害（視網膜疾病）。<br><br>**鐮狀細胞性貧血會產生其他可能併發症：**<br>• 中風。<br>• 肺部的感染與肺部損壞。<br>• 腎臟、肝臟、和／或脾臟合併症。<br>• 視網膜損壞引起失明。<br>• 關節問題。 | 些限制呢？<br><br>11. 當兒童覺得不舒服或疼痛時，詢問家長有哪些方法可以協助兒童覺得舒服些？<br><br>12. 園所工作人員需要特別注意兒童在鐮狀性危險期哪些特別症狀呢？<br><br>13. 提供兒童健康照護的專業人員有哪些？是否有健康照護的人員可以提供資訊讓園所工作人員了解兒童的病情並且提升設計兒童個別方案的能力。<br><br>14. 兒童需要接受一些特別的治療嗎——例如：輸血、骨髓細胞移植、手術等。假如需要的話，老師要清楚是什麼時間、待在醫院多久、兒童的反應是什麼？<br><br>15. 出現什麼情況時園所工作人員需要聯絡家長／或兒童的醫師？當緊急狀況發生時，是否有指定聯絡醫院？ | • 假如兒童剛出院或即將住院，老師可以在教室的學習角設計相關主題的學習或角色扮演活動——例如：有關於醫療主題的遊戲角；社會人士主題，包含醫生、護士、救護車工作者等。<br><br>• 在每日聯絡簿中（園所與家庭之間）記錄重要的資訊，包括：日期、時間、地點、課程和相關工作人員簽名；兒童擅長的科目或他感到學習困難的科目；結交新朋友等。<br><br>備註：園所工作人員與家長之間分享觀察紀錄是重要的，紀錄中加註家長的建議，請家長簽名與標記日期，並將資料蒐集在兒童的檔案中。<br><br>• 園所中確實建立「緊急事件處理程序」，萬一緊急事件發生，可以讓園所的代課老師或是家中其他的照護者可遵循。<br><br>• 其他兒童的家長務必明白告知園所自己孩子是否有疾病感染的情形是非常重要的。 |

S

| 生理特徵 | 必問的重要問題 | 建議 |
| --- | --- | --- |
| • 腿部潰瘍或開放性瘡瘍。 | | • 建議兒童戴上醫療警示手環。<br>• 試著了解家長支持團體對病童家庭可能的幫助。 |

S

# 說話和語言問題
## SPEECH AND LANGUAGE PROBLEMS

**說話問題**是指說話過程中發生困難。

**語言問題**包含缺乏理解語言（語言接收的部分）、使用語言（語言表達部分）和書寫溝通的能力。

兒童在說話和語言發展的過程中，可能會出現下列的問題。

*備註：大部分兒童在三歲以前都能以口語的方式溝通。大約到了七、八歲，兒童應該要能清楚發出所有的聲音。*

## 說話方面

| 生理和行為特徵 | 其他可能因素 | 建議 |
|---|---|---|
| 有說話問題的兒童可能會有以下情形：<br>1. 嘴巴經常是打開的，常用嘴巴呼吸。<br><br>2. 因下巴、舌頭、和／或嘴唇肌肉無力而常流出很多口水。<br>3. 飲食習慣不佳——例如：桌面髒亂、吞嚥與咀嚼困難。<br>4. 容易有挫折感，會跺腳或眨眼睛。<br>5. 經常有上呼吸道和耳朵感染；經常缺席。<br>6. 缺乏眼神接觸。<br>7. 嘴部肌肉動作協調不 | 扁桃腺腫大<br>聲帶結節<br>**過敏症**<br><br><br>**智能障礙**<br>**腦性麻痺**<br>**唇裂／顎裂**<br>**文化差異對行為之影響**<br>**（英語為第二外國語／英語為同源語）**<br>發展和成熟延遲<br>緊張（兒童有承受任何的壓力嗎？）<br>**自閉症候群** | • 告知家長任何需要多加留意的事。<br>• 示範正確的發音，將兒童錯誤的那個音在下一句子中示範，但不要刻意要求他去特別注意這個音。<br>• 觀察與記錄兒童在什麼情境之下會覺得緊張，以及對兒童的語言／說話什麼影響。<br>• 在用餐時間鼓勵兒童慢慢咀嚼。<br>• 試著讓兒童參與能練習說話的任何活動中，任何情況都不要將他排除在外。可參與的活動例 |

S

| 生理和行為特徵 | 其他可能因素 | 建議 |
|---|---|---|
| 佳。<br>8. 嬰兒時期沒有出現牙牙學語期。 | 文化差異對行為之影響（英語為第二外國語／英語為同源語） | 如有：<br>—安排關於扮家家酒角遊戲。<br>—唱歌與韻文遊戲。<br>—玩偶遊戲。 |
| **發音／說話聲音**<br>兒童可能出現以下的症狀：<br>1. 發音會有扭曲的情形。 | | • 建議兒童做健康檢查。<br>• 建議兒童做聽力健康檢查。 |
| 2. 有替代音的情形。<br>3. 有省略音的情形。<br>4. 說話聲音異常。 | **聽覺障礙**<br>**唇裂／顎裂**<br>發展遲緩 | • 建議兒童做語言評估。<br>• 請記得老師隨時隨地都是學生最佳的典範。<br>• 老師向學生示範正確的發音。 |
| **說話聲音**<br>兒童說話的聲音異常可能由於<br>1. 聲音品質部分（嗓音嘶啞、鼻音、說話帶呼吸聲、聲音沙啞）。<br>2. 音高部分（單音調、太高或太低）。<br>3. 聲音強度（大小）（太大聲或太輕柔）。 | 缺乏類似經驗（之前沒有聽過正確的發音）<br><br>扁桃腺腫大／咽部扁桃腺增殖<br>缺齒<br>聲帶結節 | • 以錄音、錄影或書面方式記錄兒童說話的模式。<br>• 兒童在說話時，不要打斷他。<br>• 避免催促兒童。<br>• 不要給兒童壓力或要求他說話。<br>• 當兒童說話時眼睛要注視著他。<br>• 示範如何流暢的說話。 |
| **說話流暢度（節奏）**<br>兒童可能會表現出<br>1. 口吃。<br>2. 反覆。<br>3. 延長音。<br>4. 想說話時會覺得受到阻礙，例如說話結結巴巴（不流暢）、口吃等。 | **唇裂／顎裂**<br><br>**聽覺障礙**<br>學說話的對象本身發音不清楚。<br>發展過程中，兒童表達能力不及思考的速度（這種情形不會影響兒童的語言 | • 觀察與記錄兒童其他的發展技巧或困難之處。<br>• 隨時對兒童進行非正式評估活動。<br>• 在與兒童說話之前，要先獲得他的注意力。<br>• 儘量使用簡單、不複雜的言語。 |

S

| 生理和行為特徵 | 其他可能因素 | 建議 |
|---|---|---|
| | 發展，通常會自行消失）。<br><br>**行為／社會／情緒問題** | • 讓兒童直接說出物品的名稱或貼上標籤讓他說。<br>• 安排一些活動讓兒童可以學習辨認動物與環境的聲音。<br>• 提供兒童聽力遊戲，例如給他一些指示並要求他遵從。<br>• 示範如何正確的說，並以非語言的方式暗示他。<br>• 鼓勵兒童參與室內和室外的戲劇表演活動。 |

## 語言方面

| 生理和行為特徵 | | |
|---|---|---|
| 語言問題的兒童可能有以下情形： | | |
| 1. 經常有耳朵感染的情形。 | **聽覺障礙** | • 讓兒童體驗短暫、滿意的經驗。請記得這類兒童在聽覺注意力方面比一般兒童短暫。 |
| 2. 兒童會有活動過度或注意力不足的情形。 | **注意力缺陷／過動症** | |
| 3. 動作協調不佳。 | **動作的問題** | • 經常與兒童有眼神的接觸。 |
| 4. 缺乏身體／眼神接觸。 | **自閉症候群** | • 當兒童有正確的回應時給他正向的讚美。 |
| 5. 反覆的發出某些聲音。 | | • 和兒童討論他手邊正在進行的事。<br>• 給予兒童清楚的訊息。 |
| 6. 容易覺得挫折或分心。 | **注意力缺陷／過動症** | |
| 7. 專注時間很短暫。 | **學習障礙** | • 為兒童讀簡單的故事，並強調故事前後因果關係。 |
| 8. 缺乏有效的學習技巧。 | **注意力缺陷／過動症** | • 以故事的方式來描述事件，並多運用視覺線索。 |
| 9. 非語言能力優於語言表達能力。 | **文化差異對行為之影響（英語為第二外國語／英語為同源語）** | |
| 10. 學前基礎能力與學科能力發展落後。 | | • 運用歌曲與錄音帶或 |

S

| 生理和行為特徵 | 其他可能因素 | 建議 |
|---|---|---|
| **接收性語言（理解）** 這類兒童可能對於口說語言的理解有困難，可能有以下的情形： | | CD來提升兒童聽覺技巧。 |
| 1. 有語言發展遲緩的病史。 | 發展遲緩 **早產** **聽覺障礙** | • 當兒童學習新的生字時，以反覆練習來幫助他記憶。 |
| 2. 缺乏良好傾聽技巧。 | | |
| 3. 會摀住自己的耳朵；缺乏或拒絕眼神接觸；或說話時轉過身。 | 耳朵感染 聽覺過度敏感 對陌生環境害怕 | • 提供兒童大量視覺與觸覺經驗；當老師在介紹新的概念時，同時給他具體的實物。 |
| 4. 只了解少數的字詞或短句。 | **文化差異對行為之影響**（英語為第二外國語／英語為同源語） | • 提供兒童多元學習的經驗，例如：烹飪活動、在社區散步、田野、商店、消防隊、郵局、麵包店等戶外教學活動。 |
| 5. 遵循簡單的指令有困難。 | **智能障礙** 受剝奪的家庭環境 | |
| 6. 如果沒有伴隨肢體動作，對於口頭的指示無法實行。 | | • 設計教學主題並運用生活中各種機會，讓兒童能親身體驗。 |
| 7. 對於教室中討論活動、故事時間、或團體活動無法參與（總是處於狀況外）。 | | • 經由反覆練習與運用多媒體的方式，增進兒童對所學概念的理解。 |
| 8. 注意力短暫。 | 第一次處於結構性環境中 **自閉症候群** | • 提供兒童配對遊戲（例如樂透配對遊戲）。 |
| 9. 總是一再重複老師說的話。 | | • 試著讓家長配合兒童學習活動，鼓勵家長可以在家中進行類似學校的活動。園所可以運用聯絡簿和家長交換意見、鼓勵在家中可以進行的活動、並將兒童在學校活動經驗寫在聯絡簿中與家長分享。 |
| 10. 一再要求老師重複指示。 | **注意力缺陷／過動症** **學習障礙** **聽覺障礙** 行為／社會／情緒問題 | |
| 11. 當他在聽別人說話時，臉部表情不恰當或出現困惑的表情。 | | |
| 12. 無法記得老師新教過的字。 | **文化差異對行為之影響**（英語為第二外國語／英 | • 記錄兒童說話型態，以 |

| 生理和行為特徵 | 其他可能因素 | 建議 |
|---|---|---|
| | 語為同源語） | 了解兒童語言理解的情況。 |
| 13. 看起來好像有良好的口頭表達技巧，但談話內容的品質是受限的。 | | • 園所老師不要特別去強調兒童困難的部分。 |
| 14. 了解連續性圖畫故事有困難。 | **注意力缺陷／過動症** | • 示範正確的語言使用方式，並且在回應兒童時應納入兒童的想法。 |
| 15. 面對訊息只能做部分回應，可能是不重要的細節。 | | • 可藉由一些額外的說明來擴展兒童語言的能力。 |
| 16. 缺乏幽默感，無法找出圖片中好笑地方等。 | **學習障礙** | • 允許兒童以他目前說話的能力來回答問題，並讚賞他任何的嘗試。 |
| 17. 無法將圖片中的物品分類。 | | • 選擇一些可以提升語言溝通能力的活動來鼓勵兒童與別人溝通，例如：進行兒童必須表達他的需求的活動。 |
| 18. 假如沒有肢體或視覺提示，很難針對問題選出正確的答案。 | | |
| 19. 很難記住個人重要的資訊，例如：住址和電話號碼。 | | • 有必要的話，可以提供視覺線索與示範如何正確回應來讓兒童學會正確回應方式。 |
| 20. 閱讀有困難，尤其在讀音的技巧上。 | **視覺障礙**<br>**聽覺障礙**<br>缺乏空間感 | • 讚賞兒童正確的回應。 |
| 21. 在從事靜態活動或閱讀時，很難掌握自己的進度。 | | • 給予兒童充分的時間表達。 |
| 22. 不了解自己閱讀的內容。 | | • 假如兒童出現發音錯誤的情形，或是字的排序錯誤，不要要求兒童馬上正確的重複發音，而是在接下來的句子中對兒童示範正確的發音／字序。 |
| 23. 拼字有困難。 | | |

S

| 生理和行為特徵 | 其他可能因素 | 建議 |
| --- | --- | --- |
| **表達性語言（包含口頭與書寫）**<br><br>這類兒童對於表達自己的想法有困難。可能會有以下情形：<br><br>1. 在嬰兒時期沒有出現牙牙學語期。<br><br>2. 與他人溝通時不會使用任何的手勢或聲音。<br><br>3. 使用很多非語言的肢體動作與聲音去溝通。<br><br>4. 有語言發展遲緩的病史。<br><br>5. 說話的內容不成熟；可能只使用名詞或動詞組合成簡單的字詞。<br><br>6. 表達出來的字彙很有限。<br><br>7. 對於字的運用或句子中字的順序常使用不當。<br><br>8. 沒有辦法對某些事情表達相關的想法（此類兒童想法總是混亂缺乏邏輯概念，因此，對生活中例行性活動出現的變化或下一步要做什麼會感到焦慮）。<br><br>9. 能表達自己的思想但 | 發展遲緩<br>受剝奪的家庭環境<br>家中缺乏良好說話示範<br><br><br>第一次處於結構性的環境中，兒童出現害怕或退縮。<br><br><br><br>**文化差異對行為之影響**<br>**（英語為第二外國語／英語為同源語）**<br>**學習障礙**<br><br><br><br>**注意力缺陷／過動症** | • 教導兒童簡單的語言結構，例如名詞和動詞，然後再進行更複雜的句子，例如簡單的片語和句子。<br><br>• 假如兒童在回想某個字詞有困難時，老師可以提供多種口頭和視覺上的提示供兒童選用。<br><br>• 提供兒童體驗活動，例如經歷一趟旅行活動後，透過戲劇表演、書寫／口述故事、對話、畫圖等方式來回想旅行的點點滴滴。<br><br>• 對於不同詞性的語詞繪製成圖以增加兒童口頭表達的字彙量，也可以透過圖片幫助兒童釐清數量、品質、大小、形狀、空間位置、顏色等概念。<br><br>• 透過歌唱、手指遊戲、身體律動、幼兒韻文和故事等方式，提供兒童多樣團體互動的機會。<br><br>• 空間與數量概念也可運用音樂律動來教導。<br><br>• 儘量讓兒童能參與小組遊戲與互動。<br><br>• 為了確認兒童能參與班級進行的活動，盡可能 |

| 生理和行為特徵 | 其他可能因素 | 建議 |
|---|---|---|
| 內容沒有組織性。 | | 與他隨時保持眼神的接觸。 |
| 10. 回答問題的內容常答非所問或和當時的情境不符合。 | 聽覺障礙 | • 盡可能不要強迫兒童閱讀。語言的發展是優先於閱讀能力養成。 |
| 11. 自己已認識的字有時會很難回想起來。 | | 切記:提供兒童成功的經驗是重要的。 |
| 12. 如果沒有視覺提示,對於描述一件事情或情境是有困難的。 | | 備註:建議兒童接受說話和語言評估是必要的。 |
| 13. 語言的表達經常有文法錯誤的情形。 | 環境的影響 | |
| 14. 表達出來的句型常不完整(可能會有遺漏名詞、代名詞或動詞的情形)。 | | 請參閱**腦性麻痺**單元中的**擴大性溝通系統**內容。 |
| 15. 對於自己選擇的主題能適當的表達,但對於老師指定的主題會有拒絕表達情形。 | | |
| 16. 會有立即模仿別人言語(立即重複聽到的字或聲音)或延宕模仿(重複以前聽過的字)的情形。 | 自閉症候群 | |
| 17. 能有效運用文字表達自己的想法,但對於表達的對象或時間是有選擇性的。 | 文化差異對行為之影響(英語為第二外國語/英語為同源語) | |
| 18. 正當和別人交談之時可能會突然停止說話。 | 行為/社會/情緒問題 選擇性緘默症 自閉症候群 | |
| 19. 除非大人誘導,否則 | 學習障礙 | |

| 生理和行為特徵 | 其他可能因素 | 建議 |
|---|---|---|
| 很少會主動表達意見或和別人聊天。 | | |
| 20. 對於排列數字或英文字母的順序有困難。 | | |
| 21. 缺乏良好的書寫技巧。 | **動作的問題** | |
| 22. 在閱讀時有明顯的困難（需要每一個字念出聲來，默讀有困難）。 | **文化差異對行為之影響（英語為第二外國語／英語為同源語）**<br>在家中沒有使用英語（以美國為例） | |
| 23. 與大部分的兒童比較起來，在早期書寫溝通上有明顯的困難。 | | |
| 24. 社交技巧發展遲緩；與同儕缺乏良好的互動。 | **虐待／受忽視**<br>缺乏與同儕互動 | |

S

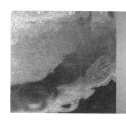

# 脊柱裂（先天性神經管缺陷）
## SPINA BIFIDA（Neural Tube Defects, NTD）

**脊柱裂（先天性神經管缺陷）**是由於生產前，胎兒的大腦和／或脊髓和它們的保護膜畸形所導致脊椎骨未能完全整合而產生的先天性缺陷，通常也包括中樞神經系統的畸形。脊柱裂導致神經系統障礙個別異常情形程度差異很大。在某些兒童中，可能只包含了脊柱一小部分的損害；在有些兒童中，可能出現脊髓完全外露。嚴重症狀可能有以下的情形：

1. 從脊柱裂突出的部位及其以下皆失去知覺。
2. 大小便失禁。
3. 腦積水，可藉由植入引流管，將腦脊液導出而獲得改善。
4. 由於缺乏知覺和身體移動，血液循環差的部分骨頭容易產生骨折。
5. 在脊柱損傷部位以下的肌肉失去控制力。

近年來，建議所有計畫懷孕的婦女攝取葉酸，研究發現可能減少先天性神經管缺陷。

備註：脊柱裂兒童（先天性神經管缺陷）在進入園所前已被診斷出來。

S

| 必問的重要問題 | 基本資訊 | 建議 |
| --- | --- | --- |
| 1. 兒童目前的運動能力程度範圍為何？他有使用助步器、輪椅、長腿支架、背架或其他裝置嗎？<br>2. 兒童目前的運動能力程度範圍為何？<br>3. 兒童目前的知覺能力程度範圍為何？ | 因為兒童有某些身體上與環境上的特殊需求，園所必須思考是否有足夠的設備以符合兒童需求的有效方案。<br>園所中有樓梯的設備、狹窄的走廊、洗手間對兒童來說是否不方便使用？或者園所的環境對兒童來說是通暢無阻的？ | 備註：教學規劃最主要的目標是讓兒童盡可能參與活動並且與同儕發展積極社會／情緒互動。<br>• 鼓勵兒童學習特殊技巧例如：藝術、畫圖、音樂和捏黏土。<br>• 請參閱**腦性麻痺**與**動作的問題單元**中所提供的建議。 |

| 必問的重要問題 | 基本資訊 | 建議 |
|---|---|---|
| 4. 兒童身體受到影響的部位是哪裡──腿、臀部等？<br><br>5. 脊柱裂兒童有哪些已知的限制？<br><br>6. 兒童有接受如廁訓練嗎？兒童如廁時有哪些需要注意的例行性事項與處理過程？老師需要知道如何更換導尿管嗎？當兒童排便時，該如何協助他？<br><br>7. 兒童在血液循環方面有任何特殊的需求嗎？例如：他需要經常移動身體嗎？兒童曾經因骨頭易碎而骨折嗎？他的髖部曾經脫臼嗎？<br><br>8. 假如兒童有水腦，他有接受引流管植入手術嗎？有哪些要注意的副作用？如果引流管發生阻塞情形，兒童會出現哪些生理徵兆／抱怨是老師要警覺注意的？該採取什麼措施呢？<br><br>9. 哪一位醫護人員負責照料兒童？ | 園所中是否有足夠的工作人員提供以下的服務：<br>• 依兒童個別身體需求提供個別的支援。<br>盡可能提供活動與機會以讓兒童在團體中有歸屬感、接納與成就感。<br><br>• 讓兒童成為團體中的一份子。<br>假如有火災或意外事故發生，園所目前的緊急措施是否能符合兒童的特殊需求。<br><br>最重要的是園所、家長與醫師之間必須清楚的了解，園所中一般工作人員並非專業的物理治療師，他們能盡可能對治療方案提供支援（例如：特殊的擺位、擺位姿勢的移動、特殊類型的身體活動等）；然而，必須隨時檢討此方案是否符合兒童的需求。 | |

| 必問的重要問題 | 基本資訊 | 建議 |
|---|---|---|
| 10. 兒童目前接受哪些機構的服務？誰能幫助園所了解兒童接受治療的目標？這些機構願意提供園所持續性的諮商服務嗎？ | | |
| 11. 家長對園所／老師的期望為何？ | | |
| **以下列出對於脊柱裂兒童必須了解的其他狀況：** | **其他可能因素** | |
| • 兒童會對哪些乳膠過敏（這種情形可能發生在兒童接受多次的手術後或是安插管子）？ | | |
| • 兒童是否發生過肌腱炎？ | | |
| • 是否有過於肥胖的現象？ | | |
| • 皮膚是否有任何的問題？ | **過敏症**（和脊柱裂沒有關係） | |
| • 兒童有胃腸問題嗎？ | | |

S

## 水腦 Hydrocephalus

**許多脊柱裂嚴重的兒童都伴隨有水腦的情形。**

**水腦**是腦室內腦脊髓液過度累積，導致兒童頭部異常增大並且會損害腦部。為了避免脊髓液過度累積，通常會進行引流管埋進頭部的手術，讓髓液能夠進入腹腔內。

有時，引流管有故障（或阻塞）的情形產生。典型引流管故障的徵兆如下：

- 嘔吐。
- 嗜睡。
- 易怒。
- 痙攣。
- 頭痛。
- 脖子發紅或腫大。
- 白眼球部分增多或眼瞼下垂。
- 嬰兒有囟門（嬰幼兒頭頂柔軟的骨縫交點）腫脹情形。

備註：假如懷疑引流管有故障的情形，園所工作人員應立即諮詢家長和醫生。假如家長或醫師無法到校，應馬上帶兒童就醫。

S

# 妥瑞氏症和行為抽搐症
## TOURETTE SYNDROME（TS）AND
## BEHAVIORAL TICS

　　**抽搐症**（Tics）是一種非自主性、肌肉反覆的收縮，雖然也包含斜眼或扮鬼臉情形，但患者通常不自覺。

　　大部分抽搐出現是快速而短暫的，通常是個體處於壓力大的時期，這種症狀出現不會超過一年。有一種長期性的抽搐症，就是妥瑞氏症。

　　**妥瑞氏症**是一種神經性的疾病，患者的身體會出現不自主、多樣的抽搐症（肌肉抽搐），通常發生於頭、手臂、大腿，有時是語音型的抽搐。

　　症狀的產生通常在一天當中會發生數次，也幾乎是天天發生。妥瑞氏症兒童通常在五到十歲之間會被診斷出來，此症通常發生於男性。

　　大部分妥瑞氏症兒童的家庭成員都有抽搐症的病史。

　　**治療：**大部分行為抽搐症患者並沒有顯著的障礙。當抽搐症狀干擾身體的功能，患者可以藉由使用藥物以控制自己的症狀。許多妥瑞氏症患者可以學習控制（約束）自己的抽搐症狀一段時間。當抽搐情況刻意壓抑後，患者需要釋放這種壓抑的情緒。

| 生理特徵 | 其他可能因素 | 建議 |
|---|---|---|
| 妥瑞氏症常出現的症狀與不自主肌肉運動包括：<br>• 頭部抽搐（搖頭晃腦）。<br><br>• 扮鬼臉。<br>• 反覆的眨眼／斜眼。<br>• 反覆擤鼻子。<br>• 發出彈舌的喀喀聲。<br>• 反覆聳聳肩或伸展手臂。 | 神經性痙攣和抽搐症（非妥瑞氏症引起）<br>眼睛敏感的狀況<br>緊張的習慣<br><br><br>**自閉症候群** | • 假如妥瑞氏症兒童被其他同學欺負，老師必須利用病童不在教室的時間讓班級同學知道妥瑞氏症兒童某些行為不是故意的，而且他們無法控制自己。老師可以讓班級兒童體會這種經驗，例如不停的打嗝。 |

| 生理特徵 | 其他可能因素 | 建議 |
|---|---|---|
| • 抓或搔身體。<br>• 反覆的踢腿。<br>• 反覆的跳躍。<br>• 反覆的聲音抽搐，包含發出無意義的聲音、像豬的咕嚕聲、狗叫聲、貓頭鷹叫聲、嘶嘶聲、嘎吱嘎吱聲、如嬰兒般的咯咯聲、鼻息聲等。<br>• 反覆性的喃喃自語。<br>許多妥瑞氏症兒童也伴隨以下行為問題：<br>• 注意力缺陷問題。<br>• 妄想、強迫性行為（以女生較常出現）。<br>• 行為問題。<br>• 對立性反抗疾患。<br>• 學習障礙。<br>• 睡眠問題。<br>假如兒童缺乏正向同儕互動經驗、父母過度保護或不知道如何處理其行為問題，兒童本身的社會與行為問題可能更加嚴重。 | **對立性反抗疾患<br>學習障礙**<br><br>**注意力缺陷／過動症** | • 試著盡可能忽視學生的抽搐症行為。假如有出現干擾性的噪音（這種情形有時是無法避免的），某些時候可以試著轉移病童的注意力或是讓他加入活動，這樣或許可以讓干擾性的噪音停止。<br>• 要特別注意兒童會過度興奮的時間（遊戲時間、演唱會或在旅行中），這種情形可能會引發更嚴重的抽搐症行為。<br>• 與相關專業人員的合作是很重要的，這樣可以協助老師了解如何為兒童設定實際可行的學習目標。妥瑞氏症相關的行為症狀從輕度到嚴重或普遍的情形都有。<br>備註：當兒童適應新環境後，抽搐症行為的強度或發生頻率可能會逐漸趨緩。 |

| 必問的重要問題 | 基本資訊 | |
|---|---|---|
| 1. 找出妥瑞氏症兒童哪些行為最常出現？有哪些特定的行為抽搐？ | 目前妥瑞氏症尚未有預防或痊癒的方法。<br><br>假如您懷疑園所中的兒童 | |

| 必問的重要問題 | 基本資訊 | 建議 |
|---|---|---|
| 2. 兒童出現行為抽搐症頻率有多高？<br><br>3. 有哪些特定的情境可能會引起兒童抽搐症或相關行為問題？<br><br>4. 兒童的行為問題在什麼時間會特別明顯呢？<br><br>5. 許多妥瑞氏症兒童在假日前後或生活作息有重大的改變時，會出現更明顯的抽搐行為，例如：即將要開學或是學期末等。家長有注意到孩子有相同的行為模式嗎？ | 有末被診斷出妥瑞氏症的疑似個案，必須建議家長讓該生接受專業人員的檢查。<br><br>輕微妥瑞氏症兒童通常沒有接受治療，因為目前使用藥物所產生的副作用可能會引起比妥瑞氏症狀本身更嚴重症狀。然而，某些兒童仍然可以從使用藥物中減緩行為的問題。<br><br>妥瑞氏症兒童的症狀可能在青春期變得更嚴重，而在成人時症狀逐漸消失。<br><br>假如妥瑞氏症兒童將抽搐症發作壓抑下來，事後可能需要一段時間和安靜的地點去釋放他緊繃的情緒與抽搐的行為。<br><br>妥瑞氏症病患可以學習在短暫時間中控制某些動作或聲音的抽搐症行為；然而，當他們出現無法控制上述的抽搐症行為時，可能是當時抽搐症行為強度比平時更為嚴重。 | |

T

# 頭部外傷（腦傷）
## TRAUMATIC BRAIN INJURY（TBI）(Brain Trauma)

**頭部外傷**起因於瞬間身體外的力量或攻擊頭部而導致腦部的傷害。腦部中可能有一處或多處會受到影響，傷害可能從輕微的腦震盪、昏迷、到死亡都有可能。治療通常包括手術控制腦內出血。

### 幼兒持續性頭部傷害情形可能導致頭部外傷，包括以下的情形：

- 從高處摔落。
- 虐待──嬰兒搖晃、嬰兒從手中摔落等。
- 毆打幼兒頭部。
- 運動意外傷害。
- 汽車／腳踏車意外事故。

### 嚴重的頭部外傷可能導致以下情形：

- 身體上的傷害（腦部纖維斷裂）。
- 腫脹，導致腦壓過高。
- 腦中出血或有血凝塊。

| 生理特徵與情緒行為 | 基本資訊 | 建議 |
|---|---|---|
| **腦部外傷兒童可能有以下一些徵兆：**<br><br>• 頭骨斷裂。<br>• 頭部／臉部大量出血。<br>• 失去知覺（不論多短暫）。<br>• 沒有脈搏跳動。<br>• 意識不清或總是讓人覺得睏倦。<br>• 血或腦脊液從鼻孔或是耳朵裡滲出來。 | *備註：假如兒童在學校有受傷，應馬上：*<br>1. 遵循急救原則。<br>2. 叫救護車。<br>3. 通知家長或是家長委託的人。 | • 假如園所中有發生意外傷害，老師應盡力安撫兒童情緒，讓他們覺得有安全感，同時在兒童等待協助時也讓他保持清醒。當兒童發生衝撞時，使用冰塊以減少患部腫大；在患部有出血時，也要使用適當的止血方法。<br>• 老師要確認園所中其他 |

T

| 生理和行為特徵 | 必問的重要問題 | 建議 |
|---|---|---|
| 有些症狀（可能會延緩）可能出現，老師要注意不要忽視以下的情形：<br><br>• 嚴重的頭痛。<br>• 失去記憶並且覺得混亂。<br>• 嘔吐。<br>• 頭昏眼花，失去平衡感。<br>• 失去知覺、身體局部癱瘓。<br>• 休克（脈搏快速、皮膚呈灰藍色、流汗與皮膚冷濕）。<br>• 焦躁不安。<br>• 視線模糊或雙重視覺。<br><br>**稍後的症狀可能包含：**<br>• 意識不清。<br>• 創傷後壓力症候群。<br><br>**通常會出現的生理問題包含：**<br>• 說話問題。<br>• 視覺問題。<br>• 聽覺問題。<br>• 精細動作問題。<br>• 短期與長期記憶問題。<br>• 注意力短暫問題。 | 假如頭部外傷在兒童進入園所前已發生，則必須詢問以下的問題：<br><br>1. 兒童經歷哪些危急的意外傷害？<br>2. 此意外事件是何時發生的？<br>3. 在意外發生之後，家長有注意到兒童有任何行為變化嗎？假如有，行為變化是何時開始的，行為有哪些變化呢？<br>4. 家長有注意到兒童有出現任何害怕的情緒嗎？<br>5. 家長是否有注意到兒童在遊戲或創作方面有任何變化？是否在遊戲或創作上一再重複意外事件的主題？<br>6. 在面對類似意外事件活動中，兒童有出現害怕的徵兆嗎？假如有，請家長描述當時的情況。<br>7. 兒童目前有服用任何藥物嗎？ | 有目擊意外事故的兒童是否需要給他表達想法的機會。<br><br>• 需要**對經歷頭部外傷的兒童**說明在他們身上發生了什麼事。老師必須幫助他們了解事情發生的過程，對於兒童提出的問題盡可能提供支持性的回答。<br>• 受傷的兒童可能需要藉由遊戲來治療心中的創傷：<br>—戲劇表演。<br>—提供感覺刺激的物品，例如：畫圖或黏土。<br>—讓兒童說故事，老師可以將過程錄音下來。 |

T

# 視覺障礙
## VISUAL IMPAIRMENT

　　**視覺障礙**是指缺乏足夠的視覺銳敏度，導致兒童無法自在地參與日常生活活動。它不但是指某人從未有任何的視覺功能，也意指某人逐漸或突然變成弱視或全盲。特別要注意視覺障礙兒童在環境上有特殊需求，並發展適當的目標與計畫以符合兒童在生理、社會、情緒與學習上的需求。

| 生理特徵 | 其他可能因素 | 建議 |
|---|---|---|
| 這類的兒童可能： | 眼睛感染 | • 記錄兒童在不同環境中、一天中不同時間的觀察結果，假如童有過敏，記錄他對不同食物的反應。 |
| 1. 眼睛經常紅腫或淚汪汪的。 | | |
| 2. 眼睛經常患有麥粒腫或感染。 | | |
| 3. 眼睛總是有紅眼眶，有痂皮，眼瞼腫大。 | **過敏症** | • 記錄兒童以下情境中表現的行為： |
| 4. 瞳孔大小不一樣。 | | ─非常貼近手中所握的物品或圖畫。 |
| 5. 眼皮低垂的樣子。 | | ─頭幾乎趴在他正在進行的工作上，例如：圖畫、積木、玩具、書本等。 |
| 6. 眼睛對光線很敏感。 | | |
| 7. 視覺銳敏度不穩定，可能今天可以看得很清楚，隔天可能就視線模糊。 | | ─以斜眼的方式看遠方的物品。 |
| 8. 有鬥雞眼，導致單眼或雙眼無法同時注視同一物。 | | ─低下頭，並且似乎使用一隻眼睛在看某物。 |
| 9. 眼睛幾乎打不開或是斜眼。 | | ─當他在看某物時，會覆蓋其中一隻眼睛。 |
| 10. 眼睛肌肉控制有問題，雙眼無法同時注視同一物（斜視）。 | | • 檢查兒童的紀錄，假如有發現兒童的動作／學 |

| 行為特徵 | 其他可能因素 | 建議 |
|---|---|---|
| 這類的兒童可能：<br>1. 過度搓揉眼睛，會閉著或覆蓋一隻眼，經常會瞇眼或斜眼看東西。<br>2. 看東西時頭部傾斜或用力往前推，臉部表情歪斜。<br>3. 眼睛會痛或灼熱，視線模糊不清或複視（一個物像看成兩個的情況）的情形。<br>4. 會抱怨頭昏眼花、頭痛、噁心或看不到。<br>5. 容易被周邊的物品絆倒。<br>6. 在認知、精細或粗大動作、語言和社會情緒發展上有遲緩的情形。<br>7. 會拒絕參加視覺性的遊戲，例如：閱讀、畫圖、釘板和猜謎遊戲。<br>8. 常會過度以近距離或遠距離看物品，觀察物品時會很靠近，一定的距離下觀看時會斜眼凝視或有誤差情形（例如：旅途中要觀賞某物、戶外遊戲、物品在另一個房 | **聽覺障礙**<br><br>**行為／社會／情緒問題**<br><br>病毒感染<br><br>**動作的問題**<br>**腦性麻痺**<br>備註：兒童處在快速生長期時，他的動作協調性會不好。經常穿錯鞋也會顯出兒童在此時期動作協調性不佳。 | 習有問題，老師應與兒童的家長或醫師聯絡。<br>• 建議兒童作身體與特殊的眼睛檢查（視覺銳敏度與視知覺）。<br>• 以不同的視覺角度呈現物品，並以動態與靜態的方式呈現物品。<br>• 在展示物品或指導兒童時盡可能以口頭描述幫助兒童了解。<br>• 維持燈光足夠亮度。<br>• 注意兒童是否會有緊張、被動的情況或拒絕某些情境。<br>• 當兒童出現分心時，老師應經常多注意他，並記錄行為是否有任何改變。 |

| 行為特徵 | 其他可能因素 | 建議 |
|---|---|---|
| 間）。 | | |
| 9. 總是讓人覺得態度怠慢，尤其是需要視覺注意力時更明顯。 | **聽覺障礙**<br>**行為／社會／情緒問題** | |
| 10. 無法找出整體圖畫當中的一小部分。 | | |
| 11. 無法自行進行閱讀／數學活動。 | **智能障礙** | |
| 12. 對於辨認顏色有困難——例如：紅色與綠色、藍色與黃色。（備註：色盲（Color blindness）在兒童出生時即可發現，大部分發生於男童身上）。 | | |
| 備註：孩童也許會出現周邊視覺較強的情況，他會表現出眼神缺少聚焦、歪頭，或身體姿勢不自然等情況，都可能是視覺上出現問題，老師或家長應進一步確認。 | **自閉症候群** | |

附錄一：兒童發展順序觀察與系統個別化教學計畫表

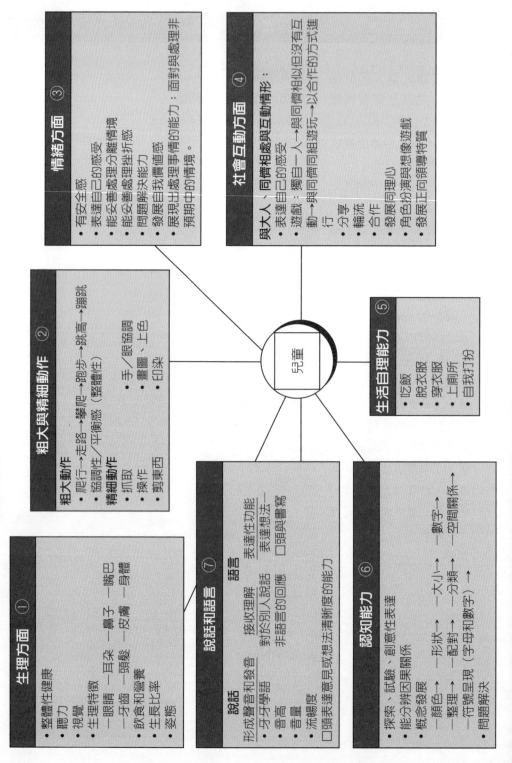

**情緒方面** ③
- 有安全感
- 表達自己的感受
- 能妥善處理分離情境
- 能妥善處理挫折感
- 問題解決能力
- 發展自我價值感
- 展現出處理事情的能力：面對與處理非預期中的情境。

**社會互動方面** ④
與大人、同儕相處與互動情形：
- 表達自己的感受
- 遊戲：獨自一人→與同儕相似但沒有互動→與同儕同組遊玩→以合作的方式進行
- 分享
- 輪流
- 合作
- 發展同理心
- 角色扮演與想像遊戲
- 發展正向引導特質

**粗大與精細動作** ②
**粗大動作**
- 爬行→走路→攀爬→跑步→跳高→蹦跳
- 協調性／平衡感（整體性）
**精細動作**
- 抓取
- 操作
- 剪東西
- 手／眼協調
- 畫圖、上色
- 印染

**兒童**

**生活自理能力** ⑤
- 吃飯
- 脫衣服
- 穿衣服
- 上廁所
- 自我打扮

**生理方面** ①
- 整體性健康
- 聽力
- 視覺
- 生理特徵
  一眼睛 一鼻子 一嘴巴
  一牙齒 一頭髮 一皮膚 一身體
- 飲食和營養
- 生長比率
- 姿態

**說話和語言** ⑦
**語言**
　接收理解　　　表達性功能
　對於別人說話　表達想法
　非語言的回應　口頭與書寫
**說話**
形成聲音和發音
  一牙牙學語
  一音高
  一音量
  一流暢度
口頭表達意見或想法清晰度的能力

**認知能力** ⑥
- 探索、試驗、創意性表達
- 能分辨因果關係
- 概念發展
  一顏色→　一形狀→　一大小→　一數字→
  一整理→　一配對→　一分類→　一空間關係→
  一符號呈現（字母和數字）→
- 問題解決

# 附錄二：台灣地區相關資源

## 發展遲緩兒童早期療育機構

| 機構名稱 | 聯絡方式 | 服務內容 |
|---|---|---|
| 財團法人雅文兒童聽語文教基金會 | 地址：台北市石牌裕民六路128號3樓<br>電話：(02)2827-4500<br>傳真：(02)2827-4555<br>地址：高雄市前金區中正四路148號7樓<br>電話：(07)286-0626<br>傳真：(07)288-1162<br>地址：宜蘭市同慶街95號4樓<br>電話：(03)931-0525<br>傳真：(03)931-0533<br>地址：桃園縣中壢市中北路200號<br>電話：(03)265-8070<br>傳真：(03)265-8075 | 1.一對一教學之聽覺口語課程<br>2.嬰幼兒聽力檢查及聽損鑑定<br>3.提供有關聽障教育之資訊與書籍之借閱<br>4.舉辦家長座談會及相關聽障教育研討會<br>5.專業社工人員之諮詢輔導和轉介服務<br>6.使用助聽器及人工電子耳相關資訊 |
| 財團法人伊甸社會福利基金會各地服務中心 | 地址：台北市民權東路6段180巷42弄6號<br>電話：(02)8792-5072<br>地址：台北縣三峽鎮國光街12巷10號1樓<br>電話：(02)2674-1778<br>地址：基隆市東信路282-45號<br>電話：(02)2466-2355<br>地址：桃園縣中壢市環西路83號<br>電話：(03)494-7341<br>地址：新竹市經國路一段343-1號4樓<br>電話：(03)534-1078<br>地址：苗栗縣嘉新里經國路四段851號2樓<br>電話：(037)261473，261493<br>地址：台中市北屯區北屯路212巷9號2樓<br>電話：(04)2233-7530 | 1.通報轉介服務<br>2.資源開發建立<br>3.轉銜服務<br>4.認養補助服務<br>5.專業團隊<br>6.個別家庭諮詢服務 |

| 機構名稱 | 聯絡方式 | 服務內容 |
|---|---|---|
| | 地址：台中縣大里市內新街45號<br>電話：(04)2483-8875<br>地址：嘉義市錦州2街36號<br>電話：(05)283-4275，283-4276，283-4297<br>地址：高雄縣旗山鎮文中路7號（舊鼓山國小內）<br>電話：(07)661-8106<br>地址：高雄縣鳳山市體育路65號<br>電話：(07)742-2971<br>地址：屏東縣東港鎮中正路一段10-1號<br>電話：(08)831-0085<br>地址：宜蘭縣三星鄉大洲路47-11號<br>電話：(03)957-5254 | |
| 婦聯聽障文教基金會至德聽語中心 | 地址：台北市士林區111中山北路五段441號<br>電話：(02)8861-2109<br>傳真：(02)2883-0379<br>地址：台中市西屯區407西屯路二段256巷6號4樓之1<br>電話：(04)2452-2992<br>傳真：(04)2452-2993 | 1.聽力服務<br>2.教學服務 |
| 財團法人心路社會福利基金會台北地區兒童發展中心 | 地址：台北市104中山區吉林路364號4樓<br>電話：(02)2592-9778<br>傳真：(02)2592-8514 | 1.專業訓練／團隊評估<br>2.學前日托服務<br>3.部分時制服務 |
| 台北縣愛明發展中心 | 地址：22061台北縣板橋市廣權路130號3樓<br>電話：(02)2963-6866 | 1.早療日托（0至6歲視障或視多障幼兒）<br>2.視障家庭服務 |

| 機構名稱 | 聯絡方式 | 服務內容 |
|---|---|---|
| 財團法人第一社會福利基金會附設中和兒童發展中心 | 地址：台北縣中和市建一路號150號2樓之2<br>電話：(02)8226-3464、8226-3475 | 早療服務、日托式教養服務 |
| 台北縣政府委託財團法人第一社會福利基金會辦理台北縣愛智發展中心 | 地址：台北縣板橋市中正路10號1樓<br>電話：(02)2968-8525、2968-8527 | 身障、早療日托及時段服務 |
| 新竹市身心障礙福利服務中心附設兒童日托中心（心路社會福利基金會） | 地址：新竹市竹蓮街6號6-7樓<br>電話：(03)561-2511 | 1.專業訓練／團隊評估<br>2.學前日托服務<br>3.部分時制服務 |
| 財團法人新竹縣私立天主教華光智能發展中心 | 地址：新竹縣關西鎮正義路126號<br>電話：(03)517-0643 | 早療諮詢、協助評估、教學 |
| 苗栗縣身心障礙發展中心委託財團法人苗栗縣私立幼安殘障教養院辦理嬰幼兒早期介入中心 | 地址：苗栗市嘉新里經國路四段851號4樓<br>電話：(037)268-995 | 身障、早療日托及時段服務 |
| 財團法人苗栗縣私立新苗智能發展中心 | 地址：苗栗縣後龍鎮東明里1鄰頂浮尾83之2號<br>電話：(037)430-430 | 身障、早療日托及時段服務 |
| 台中市早期療育中心──微龍教育基金會辦理 | 地址：台中市西區民權路312巷4號地下室<br>電話：(04)2301-4967<br>傳真：(04)2301-5134 | 1.兒童暨青少年身心發展諮詢暨親能深化服務<br>2.弱勢家庭兒童啟蒙 |

| 機構名稱 | 聯絡方式 | 服務內容 |
|---|---|---|
| | | 計畫<br>3.蒙特梭利融合教育課程 |
| 財團法人瑪利亞文教基金會附設台中市愛心家園 | 地址：台中市南屯區東興路一段450號<br>電話：(04)2471-3535轉151 | 1.早期療育<br>2.日間托育<br>3.復健服務 |
| 財團法人瑪利亞文教基金會附設瑪利亞啓智學園柳川園區 | 地址：台中市西區柳川東路二段73號<br>電話：(04)2371-6701 | 早療日托 |
| 財團法人台灣兒童暨家庭扶助基金會附設台中市私立宜智學園 | 地址：台中市西屯區甘肅路一段71號<br>電話：(04)2316-7571 | 日間照顧 |
| 財團法人台灣兒童暨家庭扶助基金會附設彰化縣私立宜智學園 | 地址：彰化縣和美鎮彰美路5段160號<br>電話：(04)756-9336，755-8245 | 日間照顧 |
| 彰化縣私立聖家啓智中心 | 地址：彰化縣員林鎮民生路50號<br>電話：(04)837-4936 | 托育服務、安親課輔、親職教育、早期療育 |
| 天主教會台中教區附設南投縣私立復活啓智中心 | 地址：南投縣埔里鎮中正路41號<br>電話：(049)292-5520 | 早期療育、托育服務 |
| 雲林縣發展遲緩兒童早期療育斗六日間托育及療育中心（委託財團法人天主教會嘉義教區附設嘉 | 地址：雲林縣斗六市府文路22號<br>電話：(05)536-1211 | 身障、早療日托及時段服務 |

| 機構名稱 | 聯絡方式 | 服務內容 |
|---|---|---|
| 義縣私立聖心教養院） | | |
| 雲林縣政府委託雲林家扶中心辦理早期療育日間托育中心 | 地址：雲林縣西螺鎮中山路227號<br>電話：(05)587-8313 | 身障、早療日托及時段服務 |
| 財團法人雙福社會福利慈善事業基金會附設嘉義市私立晨光兒童啓能發展中心 | 地址：嘉義市台斗街263之33之2號1-2樓<br>電話：(05)276-5041轉8910<br>　　　(05)278-5755 | 1.身障<br>2.早療日托及時段服務 |
| 財團法人若竹文教基金會附設嘉義市若竹兒啓能發展中心 | 地址：嘉義市五顯街178號<br>電話：(05)233-8063，233-8056 | 1.身障<br>2.早療日托及時段服務 |
| 財團法人嘉義基督教醫院星愛兒童發展中心 | 地址：嘉義市忠孝路539號<br>電話：(05)276-5041轉2706，8910 | 身障、早療日托及時段服務 |
| 台南縣南區嬰幼兒發展中心（委託台南縣心智障礙者關顧協進會） | 地址：台南縣歸仁鄉許厝村信義南路78號3樓<br>電話：(06)330-7449，330-5198 | 1.融合教育<br>2.親職活動<br>3.日間托育<br>4.諮詢服務<br>5.早期療育<br>6.成長教育 |
| 台南縣北區嬰幼兒發展中心（委託伯利恆文教基金會） | 地址：台南縣學甲鎮華宗路517號<br>電話：(06)783-0456，783-0839 | 1.早期療育<br>2.融合教育 |

| 機構名稱 | 聯絡方式 | 服務內容 |
|---|---|---|
| 財團法人天主教台南縣私立德蘭啓智中心 | 地址：台南縣玉井鄉中華路200號<br>電話：(06)574-2219 | 1.早期療育<br>2.醫療復健<br>3.社會服務 |
| 台南市智障兒童日間托育中心 | 地址：台南市林森路2段500號A棟3樓<br>電話：(06)200-7117，200-7116 | 日間托育 |
| 財團法人台南市私立天主教瑞復益智中心 | 地址：台南市安平區漁光路134號台南市光明街191號<br>電話：(06)391-1531、(06)236-5445 | 1.教育<br>2.復健<br>3.啓能<br>4.職業復健<br>5.就業輔導<br>6.諮詢 |
| 兒福早療中心（高雄市政府社會局兒童福利服務中心委託財團法人高雄市私立樂仁啓智中心承辦） | 地址：高雄市三民區九如一路775號<br>電話：(07)385-0535轉150，151 | 身障、早療日托及時段服務 |
| 博正兒童發展障礙中心 | 地址：高雄市左營區博愛二路100號9樓<br>電話：(07)348-5653 | 日間托育、時段療育 |
| 宜蘭縣早期療育中心──微龍教育基金會辦理 | 地址：宜蘭市崇聖街167號6樓<br>電話：(03)935-2274<br>傳真：(03)931-1814 | 1.啓蒙計畫<br>2.弱勢家庭親能深化服務方案<br>3.幼托園所巡迴輔導 |
| 財團法人天主教靈醫會聖嘉民啓智中心 | 地址：宜蘭縣冬山鄉丸山村丸山路98-2號<br>電話：(03)958-2312 | 早期療育轉介、學前班 |
| 財團法人花蓮縣私立美崙啓能發展中心 | 地址：花蓮市球崙二路238號──協會<br>電話：(03)823-7756<br>傳真：(03)822-4728 | 1.日間托育及夜間住宿<br>2.學前特教班：3至6歲 |

| 機構名稱 | 聯絡方式 | 服務內容 |
|---|---|---|
| | | 3.學齡安親班：6至 15歲 |
| 財團法人台東縣私立牧心智能發展中心 | 地址：台東市更生路913號2、3樓<br>電話：(089)232-533 | 1.生活自理訓練<br>2.復健療育<br>3.特殊教育 |

# 通報轉介中心

| 機構名稱 | 聯絡方式 | 服務內容 |
|---|---|---|
| 基隆市發展遲緩兒童早期療育通報轉介中心 | 地址：基隆市信義區東信路282之45號（殘福中心）<br>電話：(02)2466-2355轉250 | 通報、轉介、諮詢 |
| 台北市發展遲緩兒童早期療育通報轉介中心 | 地址：台北市松山區民生東路5段163之1號7樓<br>電話：(02)2756-8852，2756-8792 | 通報及諮詢、轉介及轉銜、親職講座、成長團體及支持性服務等 |
| 台北縣發展遲緩兒童早期療育通報轉介中心 | 地址：台北縣板橋市中山路一段161號25樓（社會局）<br>電話：(02)2968-8068<br>(02)2960-3456轉3651 | 通報、轉介、療育費用補助、私立托兒所補助、托兒所巡迴輔導、訓練、召開委員會、宣導、早療家長手冊製作 |
| 桃園縣發展遲緩兒童早期療育通報轉介中心 | 地址：桃園縣中壢市環西路83號<br>電話：(03)494-3323<br>(03)494-7341轉18，22 | 受理通報、宣廣活動、訓練、諮詢服務 |
| 新竹市發展遲緩兒童早期療育通報轉介中心 | 地址：新竹市中正路120號<br>電話：(03)524-5559 | 通報、轉介、諮詢 |
| 新竹縣發展遲緩兒童早期療育通報轉介中心 | 地址：新竹縣竹北市光明六路10號<br>電話：(03)551-0134，551-8101轉338 | 通報轉介、宣導、諮詢 |
| 苗栗縣發展遲緩兒童早期療育通報轉介中心 | 地址：苗栗縣苗栗市嘉新里經國路四段851號二樓<br>電話：(037)261-473，261-493<br>(037)356-441 | 受理通報、個案發現及初篩、資料統計建檔、分析、轉介評估鑑定團隊諮詢服務 |

| 機構名稱 | 聯絡方式 | 服務內容 |
|---|---|---|
| 台中市發展遲緩兒童早期療育通報轉介中心 | 地址：台中市北區民權路400號<br>電話：(04)2208-3688 | 受理通報、初篩、轉介、諮詢 |
| 台中縣發展遲緩兒童早期療育通報轉介中心 | 地址：台中縣大里市新光路32號二樓<br>電話：(04)2482-9477 | 通報、資源轉介、協助評估、諮詢 |
| 彰化縣發展遲緩兒童早期療育通報轉介中心 | 地址：彰化市大埔路676號<br>電話：(04)756-9063 | 通報、轉介 |
| 南投縣發展遲緩兒童早期療育通報轉介中心 | 地址：南投縣南投市南崗一路300號<br>電話：(049)223-6157，220-5345 | 期療育通報轉介、諮詢、個案管理、訓練、宣導 |
| 雲林縣發展遲緩兒童早期療育通報轉介中心 | 地址：雲林縣西螺鎮中山路227號<br>電話：(05)587-8317 | 通報、轉介、諮詢服務 |
| 嘉義市發展遲緩兒童早期療育通報轉介中心 | 地址：嘉義市保健街100號<br>電話：(05)271-8661 | 受理通報、轉介相關資源、研習訓練、巡迴輔導、宣導活動 |
| 台南市發展遲緩兒童早期療育通報轉介中心 | 地址：台南市中華西路二段315號1樓<br>電話：(06)299-6648，390-1429 | 通報轉介、家庭訪視、諮詢服務、安置追蹤 |
| 台南縣發展遲緩兒童早期療育通報轉介中心 | 地址：台南縣新營市育德街99號<br>電話：(06)659-4180，659-1998 | 通報專線提供通報轉介及諮詢服務、辦理宣導工作、協助相關專業人員之培訓、相關資源整合與建構、協助安排評估鑑定服務、辦理親職教育及親子活動、研究發展、行政協調 |

| 機構名稱 | 聯絡方式 | 服務內容 |
|---|---|---|
| 高雄縣發展遲緩兒童早期療育通報轉介中心 | 地址：高雄縣岡山鎮公園東路131號，高雄縣鳳山市體育路65號，旗山市中學路42號<br>電話：(07)747-3632，742-2971 | 通報、轉介、諮詢服務 |
| 屏東縣發展遲緩兒童早期療育通報轉介中心 | 地址：屏東縣屏東市建豐路180巷35號2樓、東港鎮中正路1段10之1號<br>電話：(08)738-5188轉350<br>738-2592，831-0085 | 通報、轉介、諮詢、家訪、宣導研習、追蹤輔導 |
| 台東縣發展遲緩兒童早期療育通報轉介中心 | 地址：台東市中山路276號<br>電話：(089)320-172，326-141轉336 | 通報、轉介、諮詢 |
| 宜蘭縣發展遲緩兒童早期療育通報轉介中心 | 地址：宜蘭縣三星鄉大洲路47之11號<br>電話：(03)955-8760，957-5254 | 受理通報、接案、訪視、諮詢、協調聯繫等 |
| 花蓮縣發展遲緩兒童早期療育通報轉介中心 | 地址：花蓮縣花蓮縣花蓮市國富十三街63號<br>電話：(03)858-0973，858-0896 | 通報、轉介、諮詢、個案管理、研習訓練、追蹤輔導、綜合規劃 |
| 澎湖縣發展遲緩兒童早期療育通報轉介中心 | 地址：澎湖縣馬公市治平路32號<br>電話：(06)927-4400轉288 | 通報及諮詢、轉介及轉銜、親職講座、成長團體及支持性服務等 |
| 連江縣發展遲緩兒童早期療育通報轉介中心 | 地址：馬祖南竿鄉介壽村76號<br>電話：(0836)22381，25022 | 通報轉介、親職教育、特教服務、諮詢服務 |
| 金門縣發展遲緩兒童早期療育通報轉介中心 | 地址：金門縣金湖鎮中正路1之1號1樓<br>電話：(082)337886，337923 | 受理通報轉介、宣導、諮詢、補助 |

# 相關基金會

| 機構名稱 | 聯絡方式 | 服務內容 |
|---|---|---|
| 財團法人中華民國早產兒基金會 | 地址：104台北市中山區中山北路二段92號<br>電話：(02)2511-1608<br>傳真：(02)2511-8553 | 以準媽媽、早產兒、及其家庭為主要服務對象，提供經濟補助、教育宣導、強化醫療品質、居家照護、鼓勵出院後追蹤檢查、加強醫療團隊教育訓練、提昇學術研究、籌募基金。 |
| 財團法人台北市中華唇顎裂兒童基金會 | 地址：111台北市士林區德行東路46巷8弄6號3樓<br>電話：(02)2834-4198，2834-4164 | 外觀手術醫療諮詢、語言發音復健、心理復健、群體關係。 |
| 財團法人中華民國自閉症基金會 | 地址：111台北市士林區中山北路五段841號4樓之2<br>電話：(02)2832-3020<br>傳真：(02)2732-5286 | 一、直接服務：<br>1.學齡前兒童矯治。<br>2.學齡兒童、青少年社區生活技能訓練。<br>3.自閉症患者職能訓練暨就業輔導。<br>4.自閉症患者家長教育暨諮詢服務。<br>5.假日輔導活動。<br>二、間接服務：<br>1.電訪諮詢服務。<br>2.自閉症專業學科的教學與研究。<br>3.志工社團的組織培訓與輔導。<br>4.社會教育的推廣。 |

| 機構名稱 | 聯絡方式 | 服務內容 |
|---|---|---|
| | | 5.社會資源的開創與整合。 |
| 中華民國自閉症總會 | 地址：104台北市中山區新生北路3段68巷43-8號1樓<br>電話：(02)2592-6928，2591-8356<br>傳真：(02)2594-7051 | 提供與自閉症之教育、醫療、就業等相關諮詢服務。 |
| 財團法人伊甸社會福利基金會 | 地址：106台北市文山區萬美街一段55號3樓<br>電話：(02)2230-7715<br>傳真：(02)2230-6422 | 為發展遲緩兒儲蓄希望：<br>1.建立早期通報系統、社會資源聯結、專業團隊聯合評估。<br>2.臨時托育、居家照顧、親職講座、經濟補助、權益爭取<br>3.入學轉銜、在宅服務、機構式早期療育、兒童專用輪椅研發、捐贈 |
| 財團法人心路社會福利基金會 | 地址：104台北市中山區吉林路364號4樓<br>電話：(02)2592-9778<br>傳真：(02)2592-8514 | 兒童早期療育（心智障礙者） |
| 財團法人中華民國唐氏症基金會 | 地址：234台北縣永和市永和路二段59號7樓<br>電話：(02)8923-3375 | 以唐氏症兒童及其家庭為服務對象，提供早期療育（日間托育、特殊教育、語言治療、音樂治療、幼稚園介入輔導）、.全民預防宣導、專案研究、諮詢服務、家庭訪視。全省（台北、 |

| 機構名稱 | 聯絡方式 | 服務內容 |
|---|---|---|
| | | 台中、高雄設有定點服務）。 |
| 財團法人雙溪啓智文教基金會 | 地址：104台北市中山區明水路581巷17號4樓之3<br>電話：(02)2532-5002<br>傳真：(02)2532-5003 | 以身心障礙、嬰幼兒及其家庭為服務對象，提供諮詢服務、辦理0至3歲發展遲緩嬰幼兒早期教育服務。 |
| 財團法人中華民國發展遲緩兒童基金會 | 地址：104台北市民權東路二段152巷6弄9號<br>電話：(02)2504-6629<br>傳真：(02)2504-6687 | 以發展遲緩兒童及其家庭為服務對象，提供協助推動建立發展遲緩兒童通報、轉介、評估，以及療育工作。 |
| 中華民國過動兒協會 | 地址：台北市松山區民生東路五段36巷4弄35號4樓<br>電話：(02)2762-5953<br>傳真：(02)2762-6955 | 提供諮詢服務（經由面談或電話）。 |
| 中華民國學習障礙協會 | 地址：台北市大安區和平東路三段36號11樓<br>電話：(02)2736-2408<br>傳真：(02)2736-3694 | 推動學習障礙之各項服務。 |
| 台灣妥瑞症協會 | 地址：333桃園縣龜山鄉復興街5號長庚兒童醫院12L<br>電話：(03)3281200轉8246<br>傳真：(03)3277295 | 台北長庚<br>每月第二個禮拜的星期六上午門診<br>林口長庚<br>每月第四個禮拜的星期六上午門診 |

| 機構名稱 | 聯絡方式 | 服務內容 |
|---|---|---|
| 財團法人台灣兒童暨家庭扶助基金會 | 地址：403台中市民權路234號12樓<br>電話：(04)2206-1234<br>傳真：(04)2206-1235 | 以兒童、青少年、身心障礙者及家庭為服務對象，早期療育服務、身心障礙兒童日間托育服務、親子心理及行為諮商與輔導。 |
| 財團法人無障礙文教基金會 | 地址：台中縣豐原市陽明街36號<br>電話：(04)526-0639<br>傳真：(04)526-7309 | 提供諮詢及必要之轉介服務，建立個案管理服務系統、擬定個別化家庭服務計畫。 |